영어는
기술이다

영어는 기술이다

지은이 | 진기석·김현수
펴낸곳 | 북포스
펴낸이 | 방현철

편집자 | 공순례
디자인 | 엔드디자인

1판 1쇄 찍은날 | 2014년 7월 25일
1판 1쇄 펴낸날 | 2014년 7월 31일

출판등록 | 2004년 02월 03일 제313-00026호
주소 | 서울시 영등포구 양평동5가 18 우림라이온스밸리 B동 512호
전화 | (02)337-9888
팩스 | (02)337-6665
전자우편 | bhcbang@hanmail.net

ISBN 978-89-91120-78-5 13740
값 15,000원

영어는
기술이다

One-day English Coaching

진기석 · 김현수 지음

북포스

들어가는 글

영어의 한을 풀어보자

  대한민국에서 '영어'라는 단어를 생각하면 동시에 떠오르는 단어가 있다. 바로 뼛속까지 사무치는 한(恨)과 대물림이다. 우리나라에서 영어 교육이 시작된 지 60여 년의 세월이 흘렀지만, 대부분 사람은 여전히 영어 울렁증을 앓고 있다. 부모 세대의 울렁증이 자녀 세대로 이어지는 '대물림 현상'까지 일어나고 있다. 한과 대물림을 벗어나고자 하는 염원은 기형적인 사교육 시장을 형성시켰고, 급기야는 '기러기 아빠'라는 신조어까지 만들어냈다.

  그렇다면 사교육 시장을 충분히 활용하고 기러기가 되어 외국으로 떠난 이들, 그러니까 영어 교육에서 더 많은 기회를 가질 수 있었던 이들은 상황이 다를까? 결론부터 말하자면 '아니다'라는 것이다. '토익·토플 만점자, 영어 말하기는 글쎄', '유학생 40%는 영어 때문에 리턴'이라는 신문 헤드라인을 수도 없이 봐왔다.

영어 교육을 위한 다양한 학습 방법이 홍수처럼 쏟아지고 있음에도 해결되지 않는 영어 울렁증은, 영어를 배워야 하는 대한민국이 영원히 안고 가야 할 아킬레스건일까? 우리의 고민은 여기서부터 출발했다. 그리고 수년간 영어 코칭에 대한 연구를 해온 결과 '영어는 기술'이라는 관점에서 모든 문제가 순식간에 풀릴 수 있다는 사실을 알게 되었다.

소설 속의 주인공인 '이소원'은 실존 인물로, 안성 가온고등학교 남소현 학생이 모델이다. 그 학생이 '외국어 영역 만점'을 받게 된 사실을 중심으로 One-day English 코칭법을 소개하고자 한다. 아무나 할 수 없는 아주 특수한 사례쯤으로 치부하지 않았으면 한다. 아이부터 73세 노인분까지 남녀노소를 가리지 않고 6개월에서 1년 정도 훈련한 모든 사람이 '영어가 쉽다'고 고백하고 있다. 이들이 전혀 특별한 사람들이 아님을 밝혀둔다. 그들 중에는 한국어가 어눌해서 한글을 익히는 데 어려움을 겪었던 학생도 있으며, 알파벳을 배운 적이 없는 할머니도 있다. 이들에게 영어는 자신들의 삶과 전혀 상관없는 것이었다. 이들이 변할 수 있었던 원인이 무엇인지 자세히 짚어보기 바란다.

필자는 '영어는 기술이다'라는 관점에서 이 이야기를 전개하고 있다. 성적이나 학문이 아닌 기술적인 측면에서 영어가 얼마나 대중적인 언어가 될 수 있는지를 자세히 보여줄 것이다. 언어는 신이 인간과 소통하고 싶어서 준 선물이다. 선물은 그냥 받아서 사용하면 된다. 이런 선물을 진학이나 취업을 위한 도구 또는 학위를 받기 위한 논문 주제 등으로 틀에 가두면서 아무나 받기 어려운 것으로 만들지 않았으면 한다.

지금부터 영어가 정말 기술인지, 공부가 아닌 훈련을 통해 익힐 수 있는 것인지를 함께 보도록 하자. 또한 어떤 분야나 기술에서 달인이라 불리는 사람들과 마찬가지로 영어의 달인이 되는 데에도 기술이 필요하다는 사실을 확인하기 바란다.

2014년 7월

진기석·김현수

차례

들어가는 글: 영어의 한을 풀어보자 | 05
프롤로그: 영어라면 치를 떨던 이소원, 영어 달인 되어 TV에 나오다 | 12

첫째 마당: 도대체 영어가 뭐라고

공부도 못하는 주제에 • 22
즐거움이던 영어, 덫이 되다 • 26
나 좀 내버려두면 안 돼? • 39
멀리 떠난 친구 • 45
엄마, 나도 자신이 없어 • 51
무엇이 너를 위한 길일까 • 56

둘째 마당: 남이 정해준 길을 벗어나

훌쩍 떠나다 • 62
허수아비야, 네가 부럽다 • 65

할머니의 김치찌개 • 70
아늑하고 포근한 잠 • 75
떼어낼 수 없는 현실의 끈 • 81
Good morning, 소원? • 84
연못 속 뱀장어라 생각해 • 91
중요한 이야기 • 99
가자 소원아, 네가 발견한 새로운 길로 • 104

셋째 마당: 영어는 티칭이 아니라 코칭

코칭센터를 찾아가다 • 114
우리는 왜 영어를 어렵게 배울까요? • 118
배우기만 하고 익히지는 않는다 • 124
영어에 대한 꿈 • 130
해 아래 새것은 없다 • 134
할머니, 저 도전하러 왔어요 • 140
One-day English, 하루에 끝내는 영어 • 143
한 시간에 한 바퀴 • 148
세 개의 Magic Tree • 152
반복을 넘어 익힘으로 • 161

넷째 마당: 빠른 속도로, 큰 소리로

야속한 스톱워치 • 168
콩나물 길러보셨죠? • 171
속도에 숨은 비밀 • 177
영어는 기술이다 • 184
발음기호라는 장애물 • 188
잠꼬대를 영어로 하다 • 193
푸짐하고 정겨운 저녁 식사 • 198
아빠의 합류 • 203
온 가족 공동의 꿈이 생기다 • 208

다섯째 마당: 껼 시너지 효과를 누려라

새 학교 첫 등굣길에 일어난 일 • 218
껼 시너지 효과를 체험하다 • 223
슈퍼 잉글리쉬 소닉이라 불리는 아이 • 233
진주가 문법의 벽을 넘은 방법 • 239

제트 기류를 타라 • 243

알파벳도 모르고 영어에 도전한 할머니 이야기 • 250

소원 아빠의 맞춤 훈련 • 255

새 학교에서의 첫 번째 영어 듣기평가 • 258

물고기를 낚는 기술 • 263

물이 끓으면 어떤 일이 일어날까 • 269

마지막 단계의 정체를 극복하는 요령 • 276

영어의 대중화를 꿈꾸다 • 280

에필로그: One-day English Coaching, 핫이슈로 떠오르다 | 286
헌사: One-day English Coaching이 불러일으킨 감동의 메아리 | 289

프롤로그

영어라면 치를 떨던 이소원, 영어 달인 되어 TV에 나오다

드르륵, 드르륵.

식탁 위에 놓인 핸드폰이 요동을 치기 시작했다. 12월의 차가운 공기처럼 진동 소리도 차갑게 느껴졌다. 소원이는 큰 소리로 무언가를 중얼거리느라 그 소리를 듣지 못했다. 진동과 함께 핸드폰은 식탁 위를 헤매다 바닥으로 떨어지고 말았다. 그제야 소원이는 하던 일을 멈추고 얼른 뛰어가 전화를 받았다. 중저음의 굵직한 목소리가 스피커를 통해 흘러나왔다.

"소원아, 잠깐 통화 되니?"

"아, 원장님. 안녕하세요?"

소원이가 대답을 하기 무섭게 제임스 진 원장은 급히 본론을 꺼냈다.

"빅 뉴스야, 빅 뉴스! 신문사에서 소원이를 취재하고 싶다고 연락이 왔어. 그래서 인터뷰할 시간이 되는지 물어보려고."

"네? 인터뷰라고요? 어쩜 저한테 이런 일이…."

신문사와 인터뷰라니, 느닷없는 소식에 소원이는 깜짝 놀랐다.

"교육 전문 신문사인데, 수능 만점자들의 공부 비결이라는 코너로 취재를 한대. 외국어 영역에서는 우리 소원이가 선정된 거지. 외국어 영역 만점이 어디 예삿일이니?"

진 원장의 목소리에는 자랑스러움이 가득 담겨 있었다. 소원이도 덩달아 기분이 좋아졌다. 소원이는 자기에게 이런 날이 올 거라곤 생각조차 해보지 못했다. 인터뷰 날짜와 시간을 확인하고 통화를 마친 소원이는 잠시 생각에 잠겼다.

'영어라면 죽도록 싫어하던 내가 영어로 세상에 알려지다니….'

웃음이 절로 나왔다. 그것도 잠깐, 식탁 위의 컵을 들어 물을 벌컥벌컥 마시더니 좀전처럼 중얼거리는 일을 반복했다.

인터뷰하는 날, 소원이는 진 원장이 알려준 로드카페로 갔다. 카페 근처에 이르니 많은 사람이 웅성거리고 있었다. 분위기가 마치 영화나 드라마를 찍는 것 같았고, 모두 하나같이 부산스레 오갔다. 호기심이 든 소원이는 카메라를 든 한 아저씨한테 뭘 찍는 거냐고 물었다. 그 아저씨는 귀찮다는 듯이 손가락으로 포토존 쪽을 가리키며 하던 일에 몰두했다. 소원이는 머쓱했지만, 궁금증이 더 커서 포토존 쪽을 쳐다보았다. 거기에는 여러 언론매체의 CI가 새겨져 있었고 '수능 달인들의 공부 비결, 그것이 알고 싶다'라는 문구가 파란색으로 크게 적혀 있었다.

덜컥 겁이 난 소원이는 그대로 돌아가고 싶었다. 신문사라고 해서 그냥 조용한 곳에서 자연스럽게 이야기를 나누면 될 줄 알았는데, 오산이었다. 신문사를 통해 각종 방송사까지 인터뷰 일정이 공유되면서 일이 이렇게 커진 것이다. 소원이가 생각했던 그런 조용한 분위기는 이미 물 건너간 셈이다. 평상시 입던 파카에다 목도리 하나 대충 둘렀고, 머리는 거울도 보지 않고 빗질만 하고 나선 참이다. 살그머니 빠져나가려고 뒤돌아 서는데 어디선가 "소원아!" 하는 우렁찬 목소리가 들렸다. 그러자 모두 약속이라도 한 듯 소원이 쪽을 향해 일제히 시선을 돌렸다. 마치 정지화면을 보는 것 같았다. 당황한 소원이의 이마엔 땀방울이 송골송골 맺혔고, 취재진은 포토존으로 향했던 카메라를 돌려 소원이에게 포커스를 맞추면서 삼킬 듯 근접 촬영을 시작했다. 리포터 역시 어디에 있었는지 모르나, 마치 100미터 달리기 선수라도 되는 듯 번개처럼 소원이 옆에 와 서 있었다.

어정쩡하게 서 있는 소원이 옆에서 리포터는 준비된 멘트를 날리기 시작했다. 녹화도 아닌 생방송이었다.

"안녕하세요, 시청자 여러분. 지금 저희는 안성시 금광면에 있는 로드카페 앞에 나와 있습니다. One-day English 코칭법으로 2013

년 수학능력평가에서 외국어 영역 만점을 받은 이소원 양은 '영어는 teaching만 가능하다'는 영어 학습의 통념을 깨버린 사건의 주인공이 되었습니다. 일각에서는 사교육으로 물든 입시 환경에서 영어 대중화의 초석이 될 수 있을 거라는 조심스러운 반응이 일고 있습니다. 지금 제 옆에는 소원 양이 나와 있습니다."

카메라를 향해 있던 리포터가 얼굴을 돌리며 인사말을 건넸다.

"안녕하세요, 소원 양."

소원이는 그제야 어떻게 돌아가는 상황인지 파악할 수 있었다. 빈티 팍팍 나는 머리 모양과 촌티 묻어나는 옷차림에 계속 신경이 쓰여 얼굴이 홍당무가 되었다. 이제는 도망갈 수도 없다.

"네…, 안녕하세요."

"소원 양, 정말 영어가 coaching만으로 가능할까요?"

리포터의 질문에 모든 기자는 소원 양의 입만 바라보고 있었다. 그 부담스러운 자리에서 어디에 시선을 두어야 할지 갈팡질팡하는 소원이에게 기자들 틈에서 손을 흔들어주는 진 원장의 모습이 보였다. 진 원장을 발견하고서야 마음이 편안해진 소원이는 마른침을 꿀꺽 삼킨 후, 입을 열기 시작했다.

"One-day English Coaching이라면 충분히 가능합니다. 어학연수를 단 한 번도 해보지 않은 제가 증인이며 코칭을 받고 있는 더 많은 사람이 모두 증인이 될 거예요."

확신에 찬 소원이의 목소리에 리포터는 다음 질문을 던졌다.

"아, One-day English Coaching이라는 말이죠. 그게 어떤 것인지 설명해주실래요?"

"영어를 배우는 데는 하루면 충분하다는 것입니다. 나머지는 익히기만 하면 됩니다."

리포터는 소원이가 더 자세히 설명해주리라 생각하는 듯 가만히 바라보고만 있었다. 그런데 소원이는 그거면 충분하다는 듯이 앞만 바라보고 있었다.

"…"

몇 초의 적막이 흘렀고, 마이크는 다시 리포터에게 넘어갔다. 리포터는 다음 질문을 어떻게 해야 할지 당황스러운 것처럼 보였다.

"하루만 배우면 된다는 말이 무슨 의미인지 모르겠네요. 좀더 쉽게 설명해줄 수 있을까요?"

"누구에게든 자기만의 영어 톱니바퀴가 있습니다. 듣고 읽고 말하고 쓰는 모든 과정에서 각자만의 어휘·문법·독해와 같은 것들이 마치 톱니바퀴처럼 맞물려 있어요. 그리고 그 톱니바퀴의 크기도 다릅니다. 이 톱니바퀴를 정해진 시간에 큰 소리로 한 바퀴 돌리는 것이 One-day English 학습법입니다."

"그 톱니바퀴라는 것을 큰 소리로 한 바퀴 돌리면 영어가 된다는 뜻인가요?"

프롤로그 17

고개를 갸웃거리는 리포터의 표정을 보며 소원이가 말을 이었다.

"예를 들어, 진리는 사람들에게 당연하게 받아들여지는 것을 가리키지요. 그런데 많은 이들이 진리처럼 보이는 것에 관심을 갖게 되면, 결국 그것이 진리가 되어버리기도 합니다. 영어에 대해서 진리라면, 그것이 언어라는 사실입니다. 자기 생각을 말로써 표현하는 단순한 도구일 뿐이죠. 그런데 언제부턴가 학문이나 성적과 연관되는 도구로 변질되었습니다. 변질된 것이 본질이 되어버렸기에, 지금 많은 이들이 영어를 배우는 걸 어렵게 여기게 되었다고 생각합니다."

"아, 그렇군요. 영어가 언어라는 기본적인 점에서 출발해야 어렵지 않다는 뜻으로 이해할 수 있을 듯합니다. 그렇기에 배우는 데는 그리 긴 시간이 필요하지 않고, 단지 그것이 입에 붙도록 큰 소리로 반복하라는 뜻인 것 같습니다. 맞나요, 소원 양?"

"네. 배우는 데는 하루면 충분합니다."

소원이가 수줍게 미소를 지으며 답했다. 몇 가지 질문이 더 오간 후 인터뷰 자리가 마무리되었다.

"소원 양, 시간 내주셔서 고마워요. 영어에 어려움을 겪고 있는 많은 이들에게 커다란 시사점을 준 시간이었다고 생각합니다. 앞으로 대학생이 되어서도 영어 달인으로서 주변에 많은 도움을 주기 바라며, 이상으로 오늘 인터뷰를 마치겠습니다."

카메라가 꺼짐과 동시에 진 원장이 소원이에게 달려왔다. 진 원장은 소원이를 안아주며 눈물을 글썽거렸다.

"소원아, 정말 잘했어. One-day English Coaching 개념에 대해서 이렇게 잘 설명한 사람은 없었던 것 같다."

소원이도 영어라면 치를 떨었던 지난날을 떠올리며 눈시울이 뜨거워졌다. 이 잠깐의 생방송으로 영어 교육 패러다임에 큰 파문이 일기 시작했다.

첫째 마당: 도대체 영어가 뭐라고

공부도
못하는 주제에

"하루에 단어 일, 이백 개 외우는 게 뭐가 그렇게 어렵니. 한두 시간 정도면 될 텐데 말이야. 그 정도도 안 하고 어떻게 영어 공부를 한다는 거야!"

영어 선생님의 날카로운 목소리가 공기를 싸늘하게 만들었다. 오늘은 소원이가 영어 과외를 받는 날이다.

"안 외워지는 걸 어쩌란 말이에요!"

조개처럼 입을 꾹 다물고 있던 소원이가 급기야 화난 목소리로 내뱉었다. 그동안 이런 적이 없었던 터라 선생님은 적이 당황한 듯했다. 그래서 엉겁결에 이렇게 다그치고 말았다.

"어디서 큰 소리야! 공부도 못하는 주제에."

얼굴이 벌게져서 선생님을 노려보던 소원이가 발악을 하듯 대들었다.

"공부 못하는 게 무슨 잘못인가요? 공부 못하는 학생 가르치면서 과외비 못 받은 적 있으신가요? 얼마나 대단한 선생님이시길래 이렇게 가슴에 못 박는 말을…"

울분이 치미는 듯 소원이는 말을 끝마치지 못했다. 이쯤 되면 서로 넘지 말아야 할 사제간의 선을 넘은 셈이다.

"너랑 나랑은 서로 안 맞는 것 같다. 오늘 이후로 서로 마주치지 말자."

"저도 바라는 바네요. 안녕히 가세요."

어이가 없다는 듯 선생님은 짐을 챙기더니 찬바람을 일으키면서 나갔다. 사태가 워낙 갑작스럽게 진행된 터라 소원이는 망연자실하여 앉아 있었다. 화가 나기도 하고 자신이 한심하기도 하고, 아무튼 복잡한 심경이었다.

얼마 지나지 않아 전화벨이 울렸다. '저팔계엄마'라는 문구가 떴다. 무슨 얘기일지 뻔했다. 소원이는 받지 않았다. 벨소리가 끊기지 않자 배터리를 빼버렸다.

한 시간도 되지 않아 거칠게 현관문 열리는 소리가 났다.

"이소원! 이소원 어디 있니? 이 버릇없는 애가! 어디 선생님께 말대꾸를! 빨리 안 나와?"

엄마였다. 하던 일을 내팽개치고 부리나케 달려왔으리라. 엄마는 신발을 벗으면서부터 소리치기 시작했다.

소원이는 작심을 한 듯 방에서 나왔다. 엄마는 소원이한테 다가가 양어깨를 붙잡고 흔들면서 소리쳤다.

"네가 미쳤구나. 그 과외 선생님이 어떤 분인데…. 대치동에서 젤 유명한 사람이야, 이것아! 남들은 줄을 서도 못 구하는 선생님을 붙여줬더니, 호강에 초를 쳐도 유분수지. 수도꼭지에서 물 나오듯 돈이 펑펑 남아돌아서 비싼 과외 해주는 줄 알아? 집안 형편 뻔히 알면서 그따위로 행동하니? 도대체 뭐가 문제야, 뭐가 문제냐고!"

"…"

소원이는 가만히 울고만 있었다. 이 정도로 심하게 몰아붙이면 지지 않고 대들 법도 한데…. 혼을 내던 엄마도 잠시 머뭇거렸다.

"엄마, 나… 영어가 너무 싫단 말이야. 단어 외우는 데 매일 두세 시간, 일주일에 영어학원 두 번, 영어 숙제 매일 두 시간, 게다가 과외까지 하는데도 성적은 그대로잖아. 내가 바보처럼 느껴진다구."

그동안 마음속에 담아두었던 이야기여서 그랬는지 이내 서럽게 울기 시작했다. 놀란 엄마는 어떻게 해야 할지 갈피를 잡을 수가 없었다. 무작정 혼내는 게 능사가 아니라는 생각에 일단은 달래야겠다 싶어졌다.

"소원아…, 그렇다고 안 할 수는 없잖니? 일단 오늘은 아무 생각 말고 쉬어라. 좀 쉬고 나면 괜찮아질 거야."

한번 터진 울음을 추스르지 못하고 어깨를 들썩거리는 딸을 보자 몹시 측은해졌다. 우는 소원이를 방에 데려다 주고 나자, 심하게 갈증이 몰려왔다.

식탁으로 가서 물 한 컵을 단숨에 마셨지만, 갈증이 해소되지 않았다. 몸의 갈증이 아니라 마음의 갈증인 탓이었다. 영어 뒷바라지를 남부럽지 않게 해주고 있으면서도 아이 모습을 볼 때마다 안쓰러움을 느낄 때가 많았다. 위로도 해주지 못하는 안타까움이랄까? 많은 것을 해주고 있으면서 아무것도 해주지 못한다는 묘한 느낌이 온 몸을 감싸 견딜 수가 없었다. 하지만 매번 '앞으로는 괜찮아지겠지' 하며 흘려버리고 말았다.

즐거움이던 영어,
덫이 되다

모두 잠든 시각, 소원 엄마는 식탁에 앉아 이런저런 생각에 잠을 이루지 못하고 있었다. 도대체 어디서부터 시작해야 할지 감이 잡히지 않았다. 날이 갈수록 엇나가기만 하는 이 상황이 정말 싫었다. 대한민국의 중·고등학생 자녀를 둔 엄마라면 으레 거치는 고행이라고는 하지만, 섭섭함과 외로움이 뒤섞인 감정이 쓰나미처럼 밀려왔다. 소원이의 교육을 위해 대전에서 서울 대치동으로 이사를 결심하기까지의 일이 떠올랐다.

소원이가 초등학교 1학년 때였다. 맞벌이를 할 때라 소원이를 제대로 챙겨주지 못했다. 소원 아빠는 대기업 과장으로 날마다 눈코 뜰 새 없이 바빴고, 자신은 영어학원에서 오전 파트타임으로 상담 업무를 하던 시절이었다. 일을 마치고 나면 헐레벌떡 차를 끌고 소원이 학교로 향했다.

"소원아, 여기야."

기다리고 있던 소원이는 엄마 목소리를 듣고 차가 있는 쪽으로 달려왔다.

"왜 이렇게 늦었어. 얼마나 기다렸는데."

살짝 토라진 말투로 짜증을 부렸다.

"미안해, 우리 공주. 상담 일이 길어져서 그랬어."

엄마 말이 끝나지도 않았는데 소원이는 뒷좌석에 있는 보관함을 뒤적거리며 딴짓을 하고 있었다.

"뭘 그렇게 찾니?"

"어제 들었던 〈인디언 보이〉라는 노래 테이프가 안 보여."

무슨 말인가 싶어 보고 있자니 소원이가 금세 웃으며 말했다.

"여기 있네."

마치 보물이라도 찾은 듯 소원이는 신이 나서 테이프를 내밀며 틀어달라는 몸짓을 했다. 엄마도 소원이가 영어를 싫어하지 않는 것 같아서 내심 기분은 좋았다. 집으로 가는 동안 소원이는 늘 영어 테이프를 들었다. 〈ABC 알파벳 송〉, 〈도레미 송〉, 〈Teddy Bear, Who am I?〉 같은 영어 노래와 이야기책이었다. 차로 이동하는 짧은 틈이 소원이와 엄마가 학교와 직장생활 이야기를 나누면서 서로 말동무가 되는 유일한 시간이었다.

"오늘 선생님 말씀 잘 들었어?"

"코맹맹이 선생님?"

담임선생님 별명이었다. 소원이는 갑자기 학교에서 있었던 일이 생각났는지 몸을 앞으로 기울이며 이야기보따리를 풀기 시작했다.

"엄마, 우리 반에 찬율이라는 애가 있는데 오늘 옷에다 똥 쌌어. 코맹맹이 선생님은 코가 막혔는지 냄새도 못 맡고 수업만 하는 거야. 그래서 우리가 알려드렸어."

"선생님이 많이 힘드셨겠다."

엄마도 똥 냄새를 맡은 듯 미간을 약간 찌푸리며 소원이를 쳐다보았다.

"아이들이 놀리니까 찬율이가 울어서 선생님이 고생하셨어."

"찬율이도 많이 창피했겠네."

"그랬을 거야. 그래도 쉬는 시간이 되니까 아이들이 가서 괜찮다고 말해줬어. 선생님도 크게 혼을 내시지 않았고. 나는 찬율이한테 사탕을 한 개 줬어. 기분이 좋아진 것 같더라고."

"정말? 와, 우리 소원이는 마음도 착하네."

소원이는 어느새 영어 노래에 집중하며 중얼거리고 이었다. 그걸 보니 엄마는 피식 웃음이 나왔다. 영어 공부를 하는 모습이 귀엽기도 하고 대견해 보였기 때문이다. 차 안에서 무엇을 하든 소원이에게는 영어 노래와 이야기가 늘 귓가에 맴돌았다. 소원이는 엄마랑 이야기를 하지 않을 때면 늘 영어 노래나 이야기를 중얼중얼 따라 읽는 걸 좋아했다. 무슨 뜻인지도 모르면서 그냥 리듬에 따라 영어 철자를 소리 내곤 했다.

어느 날은 횡단보도에서 신호를 기다리며 무심결에 들었는데, 소원이가 〈도레미 송〉을 처음부터 끝까지 부르는 것이었다.

"우와, 우리 소원이 영어도 잘하네. 영어 노래가 그냥 술술 나오는구나. 엄마는 같이 듣고 있어도 기억을 못 하는데."

"엄마, 이 정도는 별거 아니야. 테디베어 이야기책도 내 생각주머니에서 떠나질 않아. 그림이랑 이야기가 다 떠오르거든."

소원이는 자랑이라도 하듯이 자신의 생각주머니에 있던 노래와 이야기를 하나씩 풀어서 엄마한테 들려주었다. 얼마나 들었는지 짐작이 갈 정도로 한 줄 한 줄 정확했다. 엄마는 소원이가 언어에 소질이 있다는 생각을 하며 내심 뿌듯했다. 게다가 학교에서 같은 내용을 배우기라도 하면 어찌나 신 나게 재잘거리는지 저 내용을 언제 외워두었는지 신기할 정도였다.

소원이가 초등학교 4학년이 되었을 때, 교회에서 영어 연극을 한 적이 있다. 〈모르드개와 에스더〉라는 연극에서 소원이는 에스더 역할을 맡았다. 영어 연극이라 쉽지 않았을 것이다. 그런데도 소원이는 정말 즐겁게 연습했고, 에스더 역할에 얼마나 몰입했던지 모든 대사

30 영어는 기술이다

를 머릿속에 녹음기처럼 저장하고 있었다.

연극이 무대에 오르고 관객들로부터 뜨거운 호응을 받고 나서 소원이는 영어에 대한 관심이 더욱 높아졌다. 주위에서도 소원이를 보는 눈이 달라지기 시작했다. 당연하게도, 엄마는 조금씩 자식에 대한 욕심이 생기기 시작했다. 분명히 언어적 감각이 있다는 확신이 들었고, 소원이의 능력상자를 열어주어야겠다는 생각을 했다. 주변을 수소문해서 괜찮다는 학원이나 과외 선생님을 물색했다.

소원이도 영어 연극을 통해서 한층 자신감이 붙어 있었다. 영어를 제대로 배우고 싶다는 생각이 들던 참이었기에 엄마가 제시하는 방법들을 다 수용하며 열심히 공부했다. 효과는 바로 나타났다. 또래 아이들에 비해 많은 단어를 익히고 문법 실력을 갖춰가기 시작한 것이다.

초등학교 4학년 때 이미 주니어 토익을 공부하기 시작하자, 주변 엄마들의 부러운 시선을 받기도 했다. 소원이의 영어 성적이 향상될수록 엄마는 자신의 판단이 틀리지 않았다고 확신했다.

그러던 차에 소원 아빠가 서울 본사로 갈 기회가 생겼다. 하지만 아빠는 고향을 떠나고 싶은 생각이 없었다. 대전도 교육도시이면서 서울처럼 복잡하지 않다는 점도 있었고, 부모님과 많은 지인이 함께 있는 곳에서 지내는 것이 여러모로 좋을 거라는 생각이었다. 그래서 가족과 특별히 상의를 하지 않고 없었던 걸로 처리하려고 마음먹었다.

어느 날, 소원 엄마는 업무 관련한 모임에 참석하고 집에 가던 길에 오랜만에 식사라도 함께 하려고 남편 회사에 갔다. 전화를 하고 기다리던 중에 로비에서 남편의 입사 동기인 김인철 씨와 마주쳤다. 몇 차례 만난 사이라 서로 인사를 나누었다.

"제수씨는 좋겠어요. 서울로 갈 기회가 생겨서요."

짐짓 부럽다는 말투였다.

"예? 서울로 가다니요? 우리 그이가 서울로 발령났나요?"

뜻밖의 반응에 인철 씨는 당황한 듯했다.

"그 친구가 얘기 안 하던가요?"

그 기쁜 소식을 왜 묵혀두고 있는지 모르겠다는 표정이었다.

"처음 듣는 얘기예요. 제가 요즘 바빠서 차분히 이야기 나눌 시간이 부족했거든요. 구체적으로 무슨 일이 있는 건지 귀띔 좀 해주세요."

인철 씨는 '하, 이 친구 이런 얘길 여지껏 안 하고 뭐했대?' 하는 투로 이야길 들려줬다.

"일주일 전쯤에 회사에서 서울 본사 근무자를 선정했어요. 그 명단에 소원 아빠가 들어갔죠. 물론 꼭 좋은 기회라고만 말할 수 없지만, 회사에서도 새로운 분야에 도전하는 상황이라 핵심적인 인재들을 선정한 걸로 알고 있거든요. 가만있자, 그게 내일까지는 회사에 알려줘야 하는데…."

소원 엄마는 적잖이 당황했다. 마감일이 내일이라는 사실도 그렇지만, 남편이 도대체 무슨 생각을 하는 사람인지 알 수가 없어서 화가 날 정도였다. 하지만 남편 친구 앞에서 그런 내색을 할 수는 없는 터라 웃으며 인사를 하고 남편을 계속 기다렸다.

잠시 후, 이런 상황을 전혀 눈치채지 못한 남편이 저만치서 걸어왔다.

"여보, 웬일이야? 갑자기 회사에는…."

"응. 요 앞에서 회의가 있었는데, 당신 생각이 나서 점심이라도 함께 먹으려고 그랬지. 기다리다 인철 씨 봤어."

그는 아내를 힐끗 볼 뿐 아무 말도 하지 않았다.

"인철 씨는 갈수록 젊어지는 것 같아. 당신과는 다르게 말이지."

"얼른 밥 먹고 들어가야 하니까, 나가자."

소원 엄마는 이미 밥 먹을 기분이 아니었다. 식당에 앉자마자 참고 있던 감정을 드러냈다.

"당신, 나한테 뭐 숨기고 있지?"

그러고는 남편의 눈을 뚫어지게 쳐다보았다.

"뭘 숨겨. 그런 거 없어."

"근데, 인철 씨 만났다고 하니까 왜 당황해?"

"그게 아니라, 자기가 안 오던 회사를 찾아와서 그런 거지."

소원 아빠도 대충 짐작이 가는 바가 있었다. 괜히 말 안 하고 있던 게 켕기기도 했지만, 이제 와서 말을 하는 것도 의미가 없을 것 같아서 그냥 넘어가려고 했다.

"서울 발령 건이라는 게 무슨 말이야?"

역시나 그랬군 싶어 소원 아빠는 진땀이 났다.

"아, 그거? 별거 아니야. 내가 맡을 일이 아닌 것 같아서 그냥…."

"그냥 뭐? 없던 걸로 한 거라고? 그 뜻이야? 당신 어쩌면 그래? 이렇게 중요한 일을 한마디 상의도 없이 혼자 결정해버리고."

"중요한 게 아니라니까. 모험일 수도 있고, 굳이 힘들게 서울까지 가서 살 필요도 없는 것 같고…. 여기서도 충분히 안정적인 직장생활이 가능하다고 판단해서 말을 하지 않은 것이지."

소원 아빠는 나름대로 이유를 설명하려고 했다.

"말은 제주도로 보내고 사람은 한양으로 보내라는 말이 있어. 소원이 미래를 생각한다면, 서울 갈 기회가 생겼을 때 도전해보는 게 중요하지 않겠어? 그리고 당신은 지금 소원이가 어떤 상황인지 제대로 파악하지 못하는 것 같아. 영어에 부쩍 관심과 재능을 보이고 있단 말이야. 부모가 돼서 기회가 된다면 더 큰 환경에서 공부시키는 것도 좋잖아."

소원 엄마는 많이 서운했는지 거의 울먹이다시피 했다.

"서울 가서 좋을 수도 있지만 그렇지 않을 수도 있어. 소원이가 지금은 괜찮아 보이지만 어릴 때 얼마나 자주 아팠는지 기억 안 나? 괜히 경쟁 심한 서울로 가서 어려운 상황 만들지 말고 여기서 만족하며 사는 것도 좋잖아."

서로의 이견은 좀처럼 좁혀지지 않았다. 간만에 점심이라도 함께 하자던 것이 생각지도 않은 일로 심하게 다투게 되었다.

며칠 동안 두 사람은 대화조차 하지 않았고, 집안 분위기는 냉랭하기만 했다. 회사에서 서울 본사 파견 건은 이미 정리가 된 상태였다. 소원 엄마는 못내 아쉬웠다. 맹자 엄마는 자식 교육을 위해 수없이 이사를 했다는데, 그에 비하면 자신은 소원이에게 아무런 도움도 주지 못한다는 생각이 들었다. 그 원망의 화살은 소원 아빠를 향하고 있었다.

그렇게 시간이 흘러 소원이가 6학년이 끝나갈 때쯤 기회가 다시 찾아왔다. 물론 소원 아빠는 여전히 서울로 가는 것이 그리 유쾌하지는 않았지만, 자신의 고집 때문에 아내와 자식이 불이익을 당하는 건 아닌가 싶은 생각이 들기도 했다. 그동안 마음 한구석에 가지고 있던 미안함을 씻을 수 있는 좋은 기회라는 생각도 들었다.

"여보, 회사에서 서울에서 근무할 사람 신청하라고 해서 해볼까 하는데…?"

긴 세월 동안 꿍하고 있던 소원 엄마의 마음이 이 한마디에 풀리는 듯했다.

"정말? 언제 가는데? 너무 급하게 가는 것은 아니지?"

"1월부터 발령이 나는 거라서 아무래도 12월쯤에 집을 구해야 할 것 같은데…."

"그래? 그럼 지금부터 학교랑 학원 미리 알아봐야겠네. 기왕 가는 거니 대치동 쪽이 좋을 것 같기도 하고…."

소원 엄마는 서울 대치동 아이들과 경쟁할 생각을 하니 벌써부터 승부욕이 솟기 시작했다.

"거기 아이들은 공부 엄청 잘한다던데."

가만히 듣고만 있던 소원이가 한마디 했다.

"그렇지. 하지만 걱정하지 마. 우리 소원이는 엄마가 확실하게 뒷받침해줄 거니까."

급한 일정이었지만 엄마는 일사천리로 일을 진행했다.

서울로 이사한 소원이네 가족은 나름대로 적응기를 잘 보내는 듯했다. 소원 아빠는 새로운 업무에 차근차근 적응해갔고, 소원이도 엄마랑 함께 학교와 학원 공부를 병행하면서 대치동 입시 전쟁터에서 성과를 거두는 것처럼 보였다. 새로운 환경에 적응하려는 두 사람의 치열함의 성과이기도 했다.

그렇게 2년 가까운 시간이 흘렀다. 그러는 사이 소원이의 심리적·학습적 변화가 일어나기 시작했다. 소원이가 서울 생활에, 정확하게 말해서 공부에 지치기 시작한 것이다. 어느 순간부터 배움의 즐거움이 사라져버렸다.

"엄마, 공부하기 싫어. 재미가 하나도 없어."

소원이가 부쩍 자주 하는 말이었다.

"소원아, 어른도 일하는 게 재미없고 하기 싫어. 마찬가지로 학생들은 공부가 하고 싶지 않을 것이고 싫은 게 당연하지. 그걸 참고 견디면서 열심히 해야 좋은 고등학교와 대학에 가는 거지. 그때까지만 참고 하면 되잖아. 대학 가서 하고 싶은 것 맘껏 하면 되니까."

소원이가 푸념이라도 할라치면 엄마는 늘 이렇게 대답했다. 소원이의 답답함은 늘어만 갔다. 남들보다 무엇인가 먼저 안다는 것과 많은 것을 미리 알아야 한다는 것들이 머리를 복잡하게 했다. 조금 먼저 알았을 때는 안다는 것이 즐거웠는데, 많은 것을 먼저 알아야 하고 아는 과정을 경쟁처럼 앞서가야 좋은 고등학교·대학교를 선택할 수 있다고 여겨지자 더 짜증이 났다.

당연히 엄마랑 부딪히는 횟수도 많아졌고, 충돌은 고등학교 지원할 때 가장 심하게 일어났다.

"왜 일반 고등학교 가면 안 돼?"

소원이가 지친 듯 힘없이 말했다.

"일반고는 학교 분위기가 별로 안 좋대. 공부하는 애들도 없고 선생님들도 실력이 별로고…"

엄마는 마치 '일반고 진학해선 안 되는 10가지 이유'라는 제목으로 보고서를 작성하듯 소원이에게 구구절절이 이야기했다.

"넌, 영어가 되잖아. 그러니까 특수목적고를 가는 게 훨씬 좋아. 엄마 말 들어서 손해 볼 거 없다."

엄마는 자신의 관점을 믿었고, 소원이의 실력을 확신했다.

"아, 영어…. 이제 정말 지겨워."

자신도 모르게 터져 나온 말이었다. 소원이는 자기가 그 말을 했다는 사실에 놀랐지만, 생각해보니 정말 그렇게 느끼고 있다는 것을 알게 됐다. 하지만 결국, 엄마 말씀대로 소원이는 특수목적고(외국어고)에 입학했고 지금에 이르게 되었다.

소원 엄마는 새벽녘까지 고민하면서 여전히 자신의 모든 결정은 소원이가 앞으로 살아가는 데 반드시 좋은 영향을 미칠 것이라고 확신했다. 소원이가 좀 힘들어해도 지나놓고 보면 엄마의 선택이 옳았음을 이해해줄 날이 오리라 생각하며 안방으로 들어가 잠을 청했다.

나 좀
내버려두면 안 돼?

　소원이는 자신이 언제 잤는지도 모른 채 잠이 들었다. 눈을 떠보니 뿌옇게 동이 트고 있었다. 베개는 눈물로 젖어 있었고 어제 엄마한테 무슨 말을 했는지 떠오르자, 다시 가슴이 답답해졌다.
　'도대체 영어는 왜 이렇게 어렵기만 한 걸까?'라는 질문을 수없이 되뇌었다. 영어가 어렵지 않다고 느낄 때가 있었는데…. 답도 없는 질문에 머리가 아팠다. 마치 영원히 풀 수 없는 수학 문제를 만난 기분이랄까.
　부모님과 얼굴 마주치고 싶지 않아 아침도 거른 채 집을 나서 학교로 향했다. 인적이 드문 거리에 아직 가로등이 길을 밝히고 있었다.

땅바닥만 보며 터벅터벅 걸어가고 있는 소원이에게 누군가 다가왔다.

"소원아, 웬일이니? 이렇게 일찍 학교를 다 가고?"

수진이었다.

"말할 기분 아니야."

사정은 마찬가지인 듯 수진이도 한숨부터 내쉬었다.

"소원아, 오늘 성적표 나오는 날이잖아. 아, 미치겠다. 한동안 외출 금지 될 것 같아. 이번에 성적 안 오르면 죽을 각오 하라는데…."

소원이도 성적표라는 말에 가슴이 덜컥 내려앉는 듯했다. 성적표에 그늘 가득한 부모님 얼굴이 겹쳐져, 오늘 하루도 순탄치 않을 것 같은 불길한 예감이 들었다.

종일 소원이는 먼 산만 바라볼 뿐 교과서에 집중하지 못했다. 그렇게 학교 수업은 듣는 둥 마는 둥 흘러갔고, 마지막 수업이 끝났다.

"차렷! 선생님께 경례."

"감사합니다."

인사하기가 무섭게 학생들은 모두 짐을 챙기기 시작했다. 일찍 교실을 나섰던 한 학생이 다시 달려 들어오며 소리쳤다.

"애들아, 이대로 온다! 꼰대 온다!"

종례가 없는 줄 알고 집에 가려던 학생들이 자기 자리를 찾아가 앉느라 분주했다. 이대로 선생님은 소원이 반 담임으로 영어 과목을 맡고 있었다. 교실 문이 열렸다.

"모두, 자리에 앉아라."

선생님은 엄중한 표정으로 학생들을 한차례 둘러보았다.

"너희 여기가 무슨 고등학교인 줄은 알고 들어온 거 맞지? 외국어를 특수목적으로 하는 특목고라는 사실을 잊지 않았으면 한다. 외국어 중에 영어는 기본으로 90점 이상은 나와야 말이 되잖아. 오늘 성적표 보고 반성하도록. 지금부터 성적표를 나눠주겠다. 호명한 학생은 나와서 성적표를 받아가고, 영어 성적 70점 이하는 모두 남는다. 알았나?"

"…."

학생들은 대답 대신 일그러진 표정이 되었다. 소원이도 마찬가지였다. 학생들은 이름이 불리면 잽싸게 나가서 성적표를 받아들고 영어 성적부터 확인했다. 희비가 엇갈리는 순간이기도 했다. 탄성을 지르며 교실 문을 빠져나가는 학생들이 있는 반면, 입술을 깨물며 자리에 다시 앉는 학생들도 있었다. 소원이도 남아야만 했다. 남은 학생들은 기가 죽은 듯 눈치만 보고 있었다.

"다음, 김미진!"

이름을 불렀는데도 앞으로 나서는 기미가 없었다.

"김미진, 오늘 학교 안 왔나?"

선생님은 이상하다는 듯이 출석부를 뒤적거렸다. 학생들은 그제야 미진이가 학교에 오지 않았다는 것을 알았다. 평소에도 존재감이 없던 아이라 모두 잊고 있었다.

"미진이가 결석한 이유를 아는 사람 없나?"

서로 얼굴만 쳐다볼 뿐 대답하는 이가 없었다.

"정말이지, 왜 이렇게 예의가 없어. 학교에 못 오면 전화라도 해줘야 할 거 아니야. 또, 너희도 마찬가지야. 친구가 결석했는데 걱정되지도 않니? 전화 한 통화 해본 녀석이 없어, 도대체…."

담임은 서로에게 관심이 없는 학생들의 반응을 보고 어쩌면 이럴 수가 있느냐며 훈계하는 것도 지쳤다. 풋풋한 새내기 교사 시절에는 자신도 '선정후교(先正後敎)'라는 교육철학을 가슴에 새기고 아이들을 오로지 애정으로 대하리라 다짐했었다. 하지만 십수 년의 세월이 흐르는 동안 그렇게 지도해봐야 돌아오는 것은 늘 배신감이거나 상처뿐임을 알게 되었다. 이제는 만사가 귀찮고 피곤하기만 했다.

그는 혼잣말로 몇 마디 화를 내다가, 체념한 듯 출석부를 덮었다.

"자, 다음 주부터 기말시험 볼 때까지 매일 두 시간씩 영어 자습을 하고 가도록. 문제집을 풀어도 좋고 단어를 외우는 것도 좋다. 학원에 가야 하거나 과외를 받는 학생들은 시간을 조정해라."

선생님은 평소보다 엄했다. 모두 아무 말도 할 수 없었다.

소원이는 힘없이 짐을 챙겨 교실을 나섰다. 운동장을 가로질러 걸었지만, 그다음에는 어디로 가야 할지 몰랐다. 머리는 학원으로 가야 한다고 말했지만, 마음은 어디론가 사라지고 싶다고 악을 썼다. 사람이 없는 곳에서, 공부가 없는 세상에서 조용히 지내고 싶다는 생각뿐이었다.

학교 정문에 이르자, 엄마가 차 안에서 기다리고 있었다. 소원이는 엄마와 마주치고 싶지 않아 뒷걸음질을 쳤다.

"소원아, 어디 가니? 엄마 여깄어."

엄마가 운전석으로 머릴 내밀고 급히 소리쳤다. 엄마 목소리를 듣자, 소원이는 짜증이 확 밀려왔다.

"얼른 타라. 학원 늦겠다."

엄마의 반응도 마찬가지였다.

"학원 가기 싫어!"

"왜 싫어? 성적도 좋지 않다던데. 선생님이 방금…"

엄마도 벌써 알고 있었다.

"제발 좀 그냥 놔두면 안 돼? 내가 알아서 할 수 있다고!"

엄마 말을 끊고 소원이는 소리를 꽥 질렀다.

"아니, 애가…? 네가 뭘 어떻게 알아서 한단 말이야? 세세하게 알려줘도 못하는 마당에 혼자서 뭘 한다는 거야? 길거리에서 창피하게 굴지 말고 빨리 타기나 해."

엄마도 이번엔 작정을 한 듯했다. 대전에서 서울로, 그것도 대치동으로 전학을 하고서도 중학교 때는 공부 잘한다 소리를 들었던 딸

아이다. 그런데 요즘은 성적이 말이 아니다. 그래서 엄마도 학부모들 사이에서 자존심이 많이 상하기도 했다. 어떻게든 회복하고 싶었다.

"넌, 영어만 잘하면 다시 정상궤도로 올라설 수 있다는 걸 모르니? 영어만 하면 되잖아. 원래 잘했던 애가 이게 무슨 창피한 일이니. 처음부터 못했으면 여기까지 오지도 않았을 거야. 너도 할 말은 없을 거다. 조금만 하면 될 것 같지 않니?"

소원이의 자존심을 건드리기도 하고 한편으로는 애원하다시피 말하며 목소리가 떨리기까지 했다. 소원이는 도살장에 끌려가듯 차에 탔다.

한동안 서로 말이 없었다. 그렇게 학원 앞에 이르렀다. 햄버거와 콜라를 챙겨주며 학원 끝나면 바로 집으로 오라는 말만 남기고 엄마는 차를 끌고 사라졌다. 소원 엄마는 소원이가 이 고비만 잘 넘기면 엄마의 바람대로 될 것이라 생각하며 마음을 다잡았다.

멀리 떠난 친구

학원 앞에 덩그러니 남은 소원이는 움직일 줄을 모르고 그 자세 그대로 한참을 서 있었다. 획일적인 제품을 대량으로 생산하는 공장으로 들어가야만 하는 자신의 현실이 서글펐다.

그때 수진이가 뛰어오는 것이 보였다. 얼마나 급하게 뛰어왔는지 소원이 앞에 이르러서는 숨을 제대로 못 쉴 정도였다. 수진이 눈빛만으로도 다급하고 불길한 소식일 거라는 직감이 들었다.

"소원아, 글쎄… 미진이가…. 미진이가 자살했대. 지금 뉴스에서 난리야. 오늘 학교 안 나온 게…."

"뭐…? 그게 무슨 말이야?"

소원이는 스마트폰으로 뉴스를 검색했다. 수진이 말대로 '서울 ○

'○고 1학년 김○○, 학업 스트레스로 유언 남긴 채 자살'이라는 기사 제목이 있었다. 학교와 사람 이름은 익명으로 보도되었지만 지금 수진이가 이야기하는 게 이 내용인 것 같았다. 중학교 때까지 수재 소리를 들으며 지냈던 학생이 특수목적고로 진학하고 나서, 오르지 않는 성적 탓에 극심한 스트레스를 받았고 우울증까지 앓았다는 내용이었다. 유언에는 죄송하다는 말만 적혀 있었다고 한다. 미진이는 평소에도 말이 없었고 가깝게 지내는 친구도 없던 아이였다.

소원이는 수진이와 함께 병원으로 향했다. 절친은 아니었지만, 막상 만날 수 없는 세상으로 갔다는 사실에 못내 미안해졌다.

병원에는 이대로 선생님과 반 아이들 몇이 먼저 와 있었다. 미진이 엄마는 딸의 죽음에 오열하고 있었고, 아빠는 아무 말도 하지 못한 채 그저 미진이 영정만 바라보고 있었다.

담임선생님과 학생들은 단체로 묵념을 하면서 울기 시작했다.

"미진아, 미안하다. 미안하다…."

담임선생님은 마치 자신이 미진이를 벼랑 끝으로 몰아세웠다고 생각하는 것 같았다. 학생들은 미진이의 아픔에 울고 자신들이 어떻게 할 수 없는 현실에 울었다. 주변 사람들도 모두 안타까워하며 함께 눈물을 훔쳤다.

소원이는 눈물 가득한 눈으로 미진이 사진을 보며 속으로 물었다.

'미진아, 넌 왜 그렇게 힘든 결정을 했니? 왜?'

그러다 문득 이런 생각이 들었다.

'나도 조만간 미진이의 뒤를 따르지 않을까?'

순간적으로 뇌리를 스친 동병상련의 느낌이었다. 그러면서 무섭기도 했다. 눈물만 주체할 수 없이 흘러내렸다. 학생들의 울음바다에 미진이 부모는 더 가슴이 멨다.

"미진아! 엄마가 잘못했다. 잘못했어. 그러니 제발 다시 돌아만 와다오. 엄마가 이렇게 빌잖니. 제발⋯ 돌아와다오."

엄마의 울음소리는 주변을 더욱 안타깝게 만들었다.

미진이 아빠도 애써 참고 있던 울음을 터트리고 말았다. 큰 어깨를 들썩이며 눈물을 쏟는 모습은 더욱 가슴아팠다. 취재하러 온 방송 매체 기자들도 감정을 다스리기 힘든 모양이었다. 입을 꾹 다문 채 붉어진 눈으로 하늘을 올려다보곤 했다.

소원이 엄마는 집으로 돌아와 저녁 준비를 하고 있었다. 소원이가 좋아하는 조기구이라도 해주고 싶어서 시장도 들렀다. 학부모들과 모여서 현실을 한탄하다가도 현실을 당장 바꿀 수 없기에 여기에서 밀리지 않아야 한다는 압박감만 안고 돌아오곤 했다. 그 압박감이 자녀에게 그대로 전해진다는 사실 정도는 알고 있었다. 이런 식으로는 아이를 행복하게 성장시킬 수 없다는 사실도 알고 있었다. 그렇지만 알면서도 포기할 수 없는 현재의 교육 방법은 이 시대 부모가 치러야 하는 홍역이 아닌가 하는 생각이 들었다.

저녁 준비가 얼추 되자 앞치마에 손을 닦으면서 TV를 켰다. 채널을 돌리는데 화면 하단에 뉴스 속보 자막이 떴다. '서울 ○○고등학교 1학년 김○○, 학업 성적과 우울증으로 비관 자살'이라는 내용이었다. 뭔가 불길한 예감이 들어 뉴스 채널로 급히 돌렸더니 거기에는 흐릿하나마 자료 화면이 나오고 있었다. 언뜻 봐서는 모르겠지만 소원이네 학교가 아닐까 하는 생각이 들었다. 두근대는 가슴을 진정시키며 핸드폰을 찾아서 소원이에게 전화를 걸었다. 신호음이 들리는데도 전화는 받지 않았다. 불안해지기 시작했다. 어제부터 오늘 하교 때까지 소원이에게 했던 말이나 행동이 주마등처럼 지나가면서 불안이 엄습했다. 떨리는 손으로 몇 번이고 다시 전화를 했지만 여전히 소원이 목소리는 들을 수 없었다. 소원이랑 가장 친한 수진이에게도 전화했지만, 역시 소용이 없었다.

'왜 전화를 안 받지…? 설마… 무슨 일이 생긴 건 아니겠지?'

안절부절못한 채, 남편에게 전화를 했다.

"소원 아빠, 어디?"

"집에 거의 다 왔어. 늦지도 않았는데 웬 확인전화야?"

남편은 볼멘소리를 했다.

"확인은 무슨…. 들어오면서 혹시 소원이가 집앞에 있는지 봐줄래요?"

"소원이 혼내서 내쫓았어? 그러게 작작 좀 해야지…"

"아니, 그게 아니라…. 저기… 뉴스가 떴는데 고1짜리 여학생이 자살했대. 소원이네 학교 같아. 걱정이 돼서…, 소원이한테 전화했는데 영 받질 않아, 여보."

"뭐? 그런 일이 있었어? 학원에는 연락해봤어?"

"아, 학원. 알았어…. 얼른 와요. 무섭고 불안해."

전화를 끊자마자 학원으로 전화를 했다. 학원 선생님은 도리어 오늘 소원이가 학원에 오지 않아 연락하려던 참이었다고 말했다. 그 소리 듣자 더더욱 애가 탔다. 다시 소원이에게 전화를 했다. 여전히 받지 않았다. 뉴스 채널에서 왕왕대는 소리가 머릿속을 뒤죽박죽으로 만들었다.

몇 분 지나지 않아 소원이 아빠가 헐레벌떡 뛰어들어 왔다. 혹시 아이가 돌아왔을까 기대했지만, 안절부절못하는 아내를 보고 그렇지 않다는 것을 알았다.

"담임선생님 연락처는 알고 있어?"

화가 난 듯한 목소리였다.

"학교에서는 아까 나왔는데…."

그렇게 말하면서도 담임선생님 전화번호를 눌러보았다. 통화음이 길어지자 손바닥이 땀이 배기 시작했다. 막 끊으려는 순간, 목이 잠긴 듯한 목소리가 들렸다.

"여보세요?"

"선생님, 저…, 이소원 학생 엄마인데요. 혹시 잠깐 통화할 수 있으신가요?"

"아, 소원이 어머님. 근데 지금은 길게 통화하기가 어렵습니다. 급한 용건이…."

선생님의 말이 끝나지도 않았는데, 소원이 엄마는 급한 마음에 끼어들었다.

"우리 소원이가 연락이 안 됩니다. 혹시 짚이는 게 있으신가 해서 전화 드렸습니다."

"아, 소원이는 지금 여기 반 아이들과 함께 있어요. 미진이…가 있는 병원입니다."

"미진이라면…, 지금 뉴스에 나오는…? 아 죄송합니다, 선생님."

불길한 예감이 사실이었다니, 머리를 한 대 얻어맞은 기분이었다. 선생님도 소원 엄마도 서로 경황이 없어서 인사말도 하는 둥 마는 둥 전화를 끊었다.

하지만 큰 불안 중 한 가지는 사그라졌다. 소원이의 안전은 확인한 셈이니까. 저녁 반찬은 주인을 잃었고 소원 아빠와 엄마는 급하게 현관을 나섰다. 인터넷으로 병원 이름을 알아내자마자 차를 출발시켰다.

엄마, 나도 자신이 없어

부부는 병원으로 가는 차 안에서 각자 생각에 잠겼다.

"여보, 소원이가 요새 어땠어? 괜히 마음이 이상하네."

소원 아빠가 툭 던지듯 말했다. 같은 생각을 하고 있었는지 심란한 표정이었다.

"사실은 어제부터 나랑 실랑이를 하기는 했는데…. 시간이 지나면 적응하지 않을까 생각이 들기도 하고…."

늘 정확한 해결책을 가지고 있지 않은 것이 자녀 교육이라는 생각밖에 들지 않았다.

"설마 우리 소원이도 그런 생각을 마음에 품고 있지는 않았겠지, 여보?"

"글쎄…."

어떤 결론도 없이 병원에 도착했다. 병원 앞에는 기자로 보이는 사람들이 삼삼오오 모여서 교육 현실에 대한 이야기를 나누고 있었다. 한쪽에는 방송국 카메라도 보였다. 두 사람은 장례식장을 두리번거리며 소원이를 찾기 시작했다. 지하 2층 복도 끝에서 '미진아!'라고 울부짖는 소리가 들렸다. 가슴이 미어지는 것 같아 걸음을 뗄 수가 없었다.

소원 아빠는 우느라 걸음을 멈춰버린 아내를 추슬러가며 조심스레 소리 나는 쪽으로 향했다. 미진이 부모와 친척들 그리고 학생들이 서로 부둥켜안고 울음바다를 이루고 있었다. 그중에 소원이가 보였다. 두 사람은 담임선생님을 찾아 잠깐 인사를 나누고 나서 영정 앞으로 가 묵념을 했다.

이들을 맞이하는 미진이 부모님은 이미 넋이 나간 듯한 상태였다.

"정말…, 무슨… 말씀을 드려야 할지…."

소원 엄마는 말을 더 잇지 못하고 고개를 푹 숙였다. 죄인이 된 것 같았다. 양쪽 부모가 마주 서서 말 한마디 제대로 하지 못하고 눈물만 뚝뚝 흘리는 건, 차마 맨정신으로 볼 수 없는 광경이었다.

한참을 그렇게 있다가 다음 조문객에게 자리를 비켜주며 물러나오는 소원 엄마 눈에, 한쪽 구석에 침울하게 앉아 있는 소원이 모습이 보였다.

첫째 마당: 도대체 영어가 뭐라고

'내 딸도 얼마나 힘들까…?'

소원이만이 아니라 거기 있는 아이들 모두 안쓰럽고 애처로워 다시금 눈물이 핑 돌았다.

시간이 지나면서 사람들이 더 모여들기 시작했다. 장례식장이 분주해지자 담임선생님은 잠시 미진 부모님과 이야기를 나누더니 학생들을 불러 모았다.

"애들아, 오늘은 그만 집으로 돌아가자. 그리고 발인식 때 학급 대표들이 다시 오도록 하자. 괜찮지…?"

학생들은 별말이 없었다.

"발인식 때 참석하고 싶은 사람은 와도 되나요?"

한참 후, 수진이가 물었다.

"그래. 내가 교장 선생님한테 허락을 받아볼게."

이대로 선생님은 몇 시간 전의 그 사람이 아닌 것 같았다. 학생들을 무조건 윽박지르고 권태에 찌들었던 표정은 어디 가고, 말 한마디 표정 하나가 무겁고 슬펐다. 하나둘씩 짝을 지어 집으로 돌아가는 학생들을 보는 눈빛에도 안타까움과 미안함이 담겨 있었다.

멀리까지 수진이를 배웅하러 갔던 소원이가 부모님 쪽으로 왔다.

"엄마… 학원 빼먹어서 미안해…."

"뭘… 괜찮아. 당연히 여기 와야지. 연락이 안 돼서 걱정이 많이 되기는 했지만…."

아빠는 아무 말도 하지 않았다.

"이제 집으로 가자."

말없이 각자의 생각에 잠겨서 차 안의 분위기는 무거웠다.

소원이가 침묵을 깨고 말을 꺼냈다.

"엄마…."

"응…. 왜?"

"나…, 떠나고 싶어… 여기서 버틸 자신이 없어…. 미진이처럼 조용히 잠들고 싶다는 생각을 하루에도 몇 번씩이나 했어. 시간이 지날수록 더 자주 그런 생각이 들었어…."

엄마는 등골이 오싹하면서 머릿속이 하얘졌다. 소원이도 그런 생각을 하지 않았을까 하고 막연히 두려워했는데, 막상 그게 사실이라는 것을 알게 되자 어떻게 받아들여야 할지 알 수가 없었다.

"소원아, 네 맘 이해한다. 오늘 일을 겪으면 그런 생각이 더 들 수 있어. 일단 며칠 더 생각해보자. 무작정 떠난다고 될 일은 아니잖니?"

"엄마, 오늘 일 때문만은 아니라고 했잖아. 난 이곳이 싫어."

잠자코 운전을 하던 아빠가 한마디 거들었다.

"소원아, 엄마랑 아빠가 깊이 생각해볼 테니 시간을 좀 주었으면 좋겠구나."

룸미러로 소원이의 얼굴을 바라보면서 아빠는 마음이 착잡했다.

무엇이 너를
위한 길일까

소원이 가족에게는 참 긴 하루였다. 집에 도착하자 소원이는 피곤했는지 바로 잠이 들었다. 소원이 부모는 말이 없었지만 심란함이 조금도 가시지 않았다.

"소원 엄마, 소원이 말을 어떻게 생각해?"

"휴, 고등학생이라 중요한 시기인데…. 설득을 해봐야지."

"그렇게 간단하게 볼 문제 같지 않아. 오늘 소원이가 한 말은 즉흥적으로 나온 게 아닌 것 같은데…?"

"그렇다고 당장 어떻게 전학을 해, 알아보지도 않았는데. 알아보는 데도 시간이 걸리고, 그 사이에 생각이 또 바뀔 수도 있는 거고…"

"우리가 깊이 생각해보자. 소원이가 행복하지 않다는 것이 더 중요하지. 우리의 상황이나 주변 시선을 더 내세워서는 안 될 것 같아. 괜히 자존심 세우려다 돌이킬 수 없는 일이 발생하지 않았으면 하는 마음이야. 오늘 일, 남 일 같지 않아."

말을 마치니 긴 한숨이 나왔다. 솔직히 소원 아빠는 자신의 과거를 생각할수록 더더욱 소원이가 행복했으면 하는 생각이 들었다. 자신의 학창 시절은 아무런 꿈도 희망도 없이 암울하기만 했다. 그 원인을 그는 오로지 공부 잘하는 데에만 매달렸던 부모의 욕심에서 찾았다.

"여보, 난 아직 모르겠어. 한편으로는 여기서 그만두는 것이 소원이를 나약하게 만드는 것은 아닌가 하는 생각도 들거든. 세상이 얼마나 험악하고 치열한데…. 이런 경쟁도 못 이기면 어떡하냔 말이지."

"나는, 경쟁을 이기고 못 이기고의 문제가 아니라고 생각해. 더 본질적인 것은 행복하냐 불행하냐의 문제가 아닐까 싶어. 경쟁을 이겨냈다고 해서 행복하다고 말하기는 어려운 게 아닐까? 더 불안해지기만 할 것 같아. 더 큰 경쟁이 기다리고 있을 테니까."

"하지만…."

소원 아빠는 아내의 말을 잠시 끊고 하고 싶었던 이야기를 계속했다.

"행복하다는 것은 어떤 결과가 좋아서 기분이 좋다는 말과는 다르다고 생각해. 말이 나왔으니 말인데…, 지금 내가 행복하냐고 물으면 얼른 대답을 못 하겠어. 행복하게 일한다기보다는 가족의 생계를 위해 어쩔 수 없이 하는 거라고 생각될 때가 많거든. 나름대로 경쟁에서 이겨왔지만, 경쟁이란 건 영원히 없어지지 않는 것 같아."

"여보, 그렇다고 현실을 외면하고 살 수는 없잖아. 다른 곳으로 간다고 경쟁을 피할 수 있는 것도 아니고…."

"당신 말도 일리는 있어. 하지만 행복하게 경쟁하는 환경을 만들어 주는 것이 부모로서 우리가 해줄 수 있는 일이 아닐까? 소원이가 정신적으로 강인한 편도 아니고 자존감이 높은 상황도 아닌데, 이런 충격적인 경험이 어떤 영향을 미칠지 걱정이 돼. 지금까지는 당신 입장에서 소원이를 이해시키려고 해왔지만, 이번엔 소원이 입장에서 우리가 이해를 해주는 것이 좋지 않을까…."

소원 아빠는 이미 많은 것을 내려놓을 준비를 마친 듯했다.

"일단…, 시간을 좀 주세요. 당장 어떻게 해야 할 것은 아니니…."

이번에도 전과 다름없이 어떤 결론도 내리지 못한 채, 모두가 잠이 들었지만 소원 엄마는 엎치락뒤치락 잠을 이루지 못했다. 무엇이 소원이를 위한 것인지 정말 알 수가 없었다.

둘째 마당:
남이 정해준 길을 벗어나

훌쩍 떠나다

미진이가 소원이에게 말을 건다.

"소원아, 잘 지내니?"

"미진아, 넌… 여기 사람이 아니잖아. 근데… 어떻게 여기에…?"

"넌…, 내가 완전히 사라졌다고 생각하니?"

소원이는 말이 없었다.

"여긴 또 다른 세상이야. 네가 있는 곳처럼 그렇게 치열하게 살지 않아도 되는 곳이지. 하루라도 빨리 왔어야 했는데…. 너도 원하면 도와줄게."

소원이는 망설여졌다.

"나랑 같이 가자."

미진이가 소원이 손을 잡으려 했다.

"미진아. 난…, 싫어…, 싫다고!"

소원이는 미진이의 손을 뿌리치며 큰 소리로 외쳤다. 꿈이었다.

잠에서 깼지만 미진이 목소리가 여전히 귓가에 맴돌았다. 소원이는 괴로웠다. 아무것도 하고 싶지 않았다. 실은 어떻게 해야 할지 모르겠다는 게 더 정확한 표현일지도 모른다. 새벽이 서서히 물러가고 있었다. 학교에 가야 할 시간이 다가오자, 머리가 아파오기 시작했다.

엄마가 방문을 똑똑 두드렸다. 소원이는 이불을 머리 위까지 뒤집어쓰고 자는 척을 했다.

"소원아, 학교는 가야 하지 않겠니? 시간이 많이 되었는데…."

엄마가 깨우기 시작했다.

"가기 싫어…. 오늘만 쉬고 싶어."

엄마는 난감했다. 화를 내기도 그렇고 학교 안 가는 것을 수수방관하는 것도 아니라는 생각이 들었다.

"소원아, 공부를 안 해도 좋으니 학교는 가자."

"몸이 안 좋아서 그래. 오늘만 쉬면 좋겠어."

여전히 이불을 뒤집어쓴 채, 소원이가 말했다. 엄마는 잠시 생각하더니 아무 말도 하지 않고 방에서 나왔다. 심란했다. 소원 아빠는 소원이 말을 듣고 쉬게 해주라는 말만 남기고 출근했다. 엄마는 아침을 먹는 둥 마는 둥 하고 무슨 생각이 들었는지 급하게 외출을 했다.

몇 시간이 흘렀다. 소원이는 설쳤던 잠을 자느라 오전 늦게 일어났다. 휴대폰에는 수많은 부재중 전화와 문자, 카톡이 남겨져 있었다. 미진이 꿈을 꾸어서 그런지 학교는 가고 싶지 않고 만사가 귀찮았다. 멍하니 달력을 쳐다보았다. 금요일이었다. 어디론가 떠나보고 싶다는 충동이 일어났다. 답답한 서울에서 그리고 집에서 벗어나고 싶었다.

고양이세수를 하고 막 나가려던 순간, 그냥 나가면 안 될 것 같았다.

'엄마랑 아빠가 집에 왔을 때는 내가 없을 거야. 나 잠시 머리 좀 식히고 올게. 너무 걱정하지 말고. 일요일에는 돌아올게.'

시간에 쫓기듯 메모를 휘갈겨놓고 급하게 나왔다. 무엇보다 엄마랑 마주치고 싶지 않았다. 무작정 고속버스터미널로 향했다. 가는 동안 어디로 떠날지 생각하다 중학교 때 자연사랑지킴이 회원으로 활동하면서 들렀던 안성이라는 시골이 생각났다. 서울에서 그리 멀지 않으면서도 운치가 있던 기억이 어렴풋이 났다. 안성행 버스에 몸을 실었다. 부모님의 화난 얼굴이 떠오르기는 했지만 이미 차는 출발했다.

허수아비야,
네가 부럽다

한 시간 남짓 걸려 도착한 안성.

공기부터가 답답함을 날려주었다. 코끝에 자유의 향기가 느껴졌다. 아무 생각도 하지 않고 그냥 흙으로 덮인 오솔길을 따라 무작정 걸어보기로 했다. 길가에는 이름 모를 야생화와 잡초들이 뒤엉켜 자라고 있었다. 추수도 끝나고 여름옷을 벗은 들판은 다가올 겨울을 의식하는 듯 조금 추워 보였다. 한 알의 벼라도 더 먹을 요량으로 참새들은 들판 이곳저곳을 헤집고 다녔고 허수아비는 한쪽 구석에서 하릴없이 하늘만 쳐다보고 있었다. 소원이는 자신이 참새나 허수아비였으면 신간이 편하지 않을까 하는 생각이 들자 부럽기까지 했다. 어느 집 굴뚝에선가 피어난 연기가 하늘 높은 줄 모르고 올라가며

숨바꼭질을 하는 듯했다. 도시에서는 볼 수 없는 소소한 아름다움이 곳곳에 숨어 있었다. 소원이는 어디로 갈지 아무것도 정하지 않은 채, 그저 눈요기만 실컷 했다.

오솔길이 끝나갈 무렵 저만치 마을로 이어지는 길이 보였다. 학교를 마친 초등학생들이 마을로 들어가면서 즐겁게 이야기를 나누고 있었다.

"야, 저기 cow가 지나간다."

한 아이가 영어를 섞어가며 말했다.

"현식아! 너 왜 갑자기 영어를 쓰고 그래?"

아이들이 일제히 소리쳤다.

"현식아! 너 영어 할 줄 아냐?"

충식이라는 아이가 궁금한 듯 물었다.

"영어는 아무나 하냐. 우리 형도 중학생인데 영어 못하드라…."

현식이는 은연중 형의 영어 실력을 드러내고 말았다.

"그래? 우리 누나는 엄청나게 잘하는데. 장난 아니야, 입에서 속사포 쏘는 것 같다니까."

충식이는 현식이 형보다 자기 누나가 영어를 잘하는 것 같아서 기분이 좋았다.

"난 우리말도 잘 못하는데, 중학생 되면 영어도 배워야 한다니 정말 싫다."

옆에 있던 여학생도 한마디 거들었다.

"맞아, 맞아. 영어 몰라도 우리 부모님은 돈 잘 버는데…."

현식이는 부모님이 맛있는 거 잘 사준다며 자랑하더니 충식이에게 물었다.

"근데, 너네 누나는 왜 그렇게 영어를 잘해?"

"아, 맨날 시끄럽게 떠들고 시간 재고 그래. 그게 잘하는 방법이래. 아무튼, 정신없이 중얼거려서 잠도 제대로 못 잔다니까."

충식이가 누나 행동을 흉내 내자 모두 재미있다며 웃었다. 아이들은 한참을 떠들며 오솔길을 지나 마을로 들어갔다.

아이들의 이야기를 미소 띤 얼굴로 듣고 있던 소원이는 문득 초등학생 시절이 떠올랐다.

'그때는 나도 영어를 무척 잘했는데….'

그런 생각이 들자 조금 씁쓸해졌다. 이미 과거가 되어버린 이야기다. 지금은 영어를 잘하고 싶어도 어떻게 하면 잘하는지 모르는 바보가 되어버리지 않았는가.

순식간에 우울한 감정이 찾아오자 잠시 잊고 있던 미진이의 죽음이 다시 떠오르며 몸서리가 쳐졌다. 날은 조금씩 어두워지고 붉은 노을이 깔리면서 사람들의 그림자도 하나둘 사라지기 시작했다. 어둠이 찾아오자 더욱 무서움을 느낀 소원이는 불빛이 있는 마을로 들어갔다.

버스를 타고 다시 집으로 갈까 생각을 하면서도 서울에 가면 미진이의 죽음이 더 오랫동안 자신을 괴롭힐 것 같았다. 지금은 아픈 기억이 있는 그 하늘 아래로 돌아가고 싶지 않다는 생각이 더 강했다.

할머니의 김치찌개

한참을 걷다 보니 '안성 식당'이라는 간판이 보였다. 그러고 보니 오늘 종일 한 끼도 못 먹었다. 갑자기 허기가 파도처럼 밀려왔다. 앞뒤 잴 것 없이 얼른 들어가 자리를 잡았다.

할머니 두분이 운영하는 밥집이었는데, 제법 장사가 잘되는 것 같았다. 메뉴판을 보며 무엇을 먹을지 고민하고 있는데 주인 할머니가 다가왔다.

"이 동네 학생이 아니네. Where are you from?"

할머니가 갑자기 영어로 물어보자 소원이는 순간 당황했다.

"네? 어, 어, 서울인데요…."

"그래, 어쩐지…. 얼굴이 beautiful 하더라."

주인 할머니는 한국어와 영어를 마구 섞어가며 소원이에게 말을 걸었다. 소원이는 어떻게 대응해야 할지 난감했다.

"서울 학생, 우리 식당 김치찌개가 delicious하거든. 김치가 제대로 익었으니까 한번 먹어봐."

"아, 그럼…. 그걸로 주세요."

부엌 쪽에 주문 메뉴를 알려준 주인 할머니는 TV 앞으로 가서 애니메이션 〈인어공주〉를 봤다. 얼마나 재미나게 보시는지…. 그런데 할머니들이 내용은 아시는 걸까 궁금하기도 했다. 김치찌개를 기다리며 특별히 할 게 없었기에 소원이도 함께 보게 되었다.

The seaweed is always greener

In somebody else's lake

You dream about going up there

But that is a big mistake

Just look at the world around you

Right here on the ocean floor

Such wonderful things surround you

What more is you lookin' for?

두 할머니는 영화를 보며 인어공주의 OST인 〈under the sea〉를 합창하고 있었다. 소원이는 신기하기도 하고 놀랍기도 했다. 이런 시골에서 연세가 지긋하신 분들이 영어 노래를 부를 거라곤 상상조차 하지 못했다. 주인 할머니는 연신 'under the sea'를 외치며 소원이에게 김치찌개를 가져다주었다.

"Help yourself."

할머니가 소원이를 보며 웃었다. 소원이도 웃으며 김치찌개를 먹기 시작했다. 할머니 말처럼 정말 맛있었다. 잘 익은 묵은지에 비계가 섞인 두툼한 돼지고기에서 우러나온 기름이 어우러져 국물 맛이 깊었다. 어찌나 배가 고팠는지 밥 한 공기를 후딱 해치우고 숟가락을 빨고 있었다.

"Are you still hungry?"

소원이를 보고 있던 할머니가 웃으며 영어로 말을 걸었다.

"Yes."

소원이도 귀엽게 대답했다. 할머니는 밥통 쪽을 가리키며 먹고 싶은 만큼 덜어서 먹으라는 손짓을 했다.

급한 허기가 가시자, 숟가락의 속도를 늦추고 할머니들의 말과 행동에 관심을 갖게 되었다. 주인 할머니는 김씨이고 다른 분은 이씨인 것 같은데, 두 분은 서로를 '할멈', '할망구'라고 불렀다. 그 호칭에 조차 정이 가득 담겨 있었다.

"이봐, 할멈. When are you going to train English?"

"I am going to train English at tomorrow morning."

"Please, call me tomorrow morning."

이씨 할머니가 웃으며 대답했다.

"Okay."

두 할머니는 서로 영어로 대화하면서 엄청나게 행복해 보였다. 듣고 있던 소원이는 묘한 생각이 들었다. 다 아는 영어 단어들이고 많이 들었던 문장 구조 같은데, train이라는 단어가 살짝 거슬렸다. 소원이는 영어를 공부한다고 하지 누가 태권도나 합기도처럼 훈련한다고 하나 싶은 생각에 할머니들이 잘못된 단어를 사용했을 거라고 짐작했다.

"name이 뭐지?"

"아, 이소원이에요."

먹던 밥을 멈추고 대답했다. 주인 할머니는 소원이라는 이름이 참 좋다면서 어쩌면 얼굴이랑 이름이 똑같은지 모르겠다며 자세히 쳐다보았다.

"You look like my granddaughter."

손녀가 생각났는지 소원이를 보며 해맑게 웃으셨다. 소원이도 싫지 않았다. 무작정 떠난 여행이라 모든 것이 낯설기만 했는데, 할머니의 웃음과 배려에 편안해졌다. 두 그릇을 뚝딱 해치운 소원이는 어디로 가야 할지 다시 고민에 빠졌다. 배고픔 말고는 아무런 생각이 들지 않았는데 일차적인 문제를 해결하고 나니 그다음 문제가 앞을 막았다.

"할머니…, 혹시 이 근처에 잠을 잘 만한 곳이 없을까요?"

소원이가 조심스럽게 물었다.

"학생이 무슨 이유로 이곳까지 혼자 왔는지는 모르겠지만, 나이가 어려서 숙박하기가 쉽지는 않을 텐데…. If you want, 우리 집에서 하룻밤을 자는 게 어때? 우리 손녀 닮아서 특별히 허락하는 거니까."

할머니의 제안으로 막막했던 상황이 단번에 정리가 되었다.

"일 다 끝나가니까 TV 보며 조금만 기다려."

한 분은 설거지를 마무리하셨고 다른 한 분은 테이블 정리를 하셨다. 소원이도 하룻밤 신세 질 생각을 하니 가만히 앉아만 있는 게 예의가 아닌 것 같아서 할머니를 도와 테이블을 정리했다. 얼추 정리가 되자, 두 할머니는 내일 오전에 만나자는 이야기를 나누며 헤어지셨다.

아늑하고 포근한 잠

소원이는 김씨 할머니와 함께 걷기 시작했다. 김씨 할머니는 키가 그렇게 크신 편은 아니었지만 넓은 어깨와 골격에서 당당함이 풍겼다. 할머니의 걸음이 어찌나 빠른지 소원이가 빠른 걸음으로 쫓아가야 할 정도였다. 식당에서 얼마 떨어지지 않은 곳에 할머니 댁이 있었다. 집도 무척 깔끔했는데, 특이하게도 불을 때는 아궁이가 있었다.

할머니는 아궁이에 불을 지피고 방에 들어가서 잠자리를 살피셨다. 소원이는 뭐부터 해야 할지 몰라 마루에 서서 마당에 있는 강아지를 쳐다보고 있었다. 토실토실하게 살이 오른 강아지는 소원이를 보고 고개를 갸우뚱거리며 꼬리를 살랑거렸다.

"그놈, 참 신기하네. 낯선 사람이 오면 쫓아낼 것처럼 짖던 놈인데…"

잠자리를 살피고 나오던 할머니가 그 모습을 보고 한마디 하셨다.

"제가 강아지 좋아하는 걸 아나 봐요."

소원이가 강아지를 쳐다보며 말했다.

"우연히 인연을 맺게 된 녀석이야. 자식들은 서울에서 밥벌이하며 산다고 한참 전에 분가를 했고, 2년 전에는 영감이 먼저 갔어. 그래서 혼자 적적하던 참인데 이놈이 우리 집 앞에서 며칠 동안 가지를 않고 있는 거야. 보기에 딱해서 먹을 것을 몇 번 줬더니 아예 집으로 들어와서 갈 생각을 안 하지 뭐야. 그렇게 해서 식구가 되었지."

할머니는 강아지를 보며 지난날을 떠올렸다.

"근데…, 소원이는 무슨 사연으로 여기까지 혼자 올 생각을 했어?"

할머니가 갑자기 진지하게 묻자 소원이는 얼른 대답이 나오지 않았다.

"말하고 싶지 않으면 안 해도 된다. 사람마다 다 사연이 있는 법이니…."

할머니는 솥뚜껑을 열어서 따뜻한 보리차를 건네주었다.

"고맙습니다, 할머니. 실은…, 학교가 너무나 가고 싶지 않아서요…."

"오호, 요즘 학생들은 주관이 뚜렷한 것 같아. 우리 때는 공부를 못하는 환경이라서 그랬는지 늘 배움에 대한 한이 있었는데. 하긴, 요즘은 공부를 너무 많이 하는 것 같기는 해."

"…."

소원이는 아무런 말을 하지 않았다. 잠깐의 어색함이 흐르자, 소원이가 화제를 돌렸다.

"할머니. 아까 보니 영어를 자주 쓰시던데, 영어 공부를 많이 하시나 봐요?"

"그래, 그래. 영어를 시작하게 된 데에도 사연이 있지."

할머니는 하고 싶은 이야기가 많으신 듯 소원이 옆에 나란히 앉아서 이야기보따리를 풀기 시작했다.

"한참 전에, 신문인지 잡지인지 잘 기억이 안 나는데, 한 노인의 사연을 읽었어. 평생을 다닌 회사에서 정년퇴직을 했는데, 앞으로 얼마나 살겠나 싶어서 남은 생을 여행이나 하다가 마무리해야지 하고 생각했다는 거야. 근데 자기가 생각한 것보다 무척 오래 살게 되어서 어느새 90세가 되었더래. 그 나이가 되고 보니, 지난 세월이 너무 아깝더라는 거야. 정년퇴직을 하던 당시 뭔가 하나를 시작했으면 지금쯤은 달인이 되었을 텐데 하는 생각이 들더라는 거지. 그래서 지금이라도 늦지 않았으니 뭔가를 시작해야지 생각하고는, 해외여행을 다니면서 친구들을 사귀기 위해 영어를 해야겠다고 다짐했다는 거야. 그 사연을 읽으면서 나도 고민을 했지. 영어를 무척 하고 싶었는데, 배워서 써먹을 데가 있을까 싶기도 하고, 이 나이에 하면 얼마나 할까 싶었지. 하지만 그 노인의 글을 곰곰이 생각해보고 생각을 바꿨어. 어쨌거나, 배워두니까 이렇게 재미나게 써먹잖아."

할머니는 자신이 얼마나 행복한 선택을 했는지 말하고 싶어 했다.

"영어…, 그렇게 재미없는데… 실력이 빨리 늘지도 않고…, 할 것은 많고…"

소원이는 혼잣말로 중얼거렸다.

"소원아, 무슨 말을 하는데 웅얼거리고 그러니…?"

할머니는 하던 이야기를 더 하고 싶은 눈치였다.

"아, 아니예요. 그래서 어떻게 영어 공부를 시작하셨어요?"

소원이가 얼른 맞장구를 쳤다.

"어린아이처럼 그냥 시작했지. 어차피 이런 노인네가 영어로 밥 먹고 살 사람도 아니고 그냥 부담 없이 하루에 짧은 문장 하나씩 외우는 것부터 시작했어. 외운 걸 영감이나 할멈들한테 말해보는 것이 전부지, 뭐."

"와! 대단하시다, 할머니. 암기력이 좋으시네요."

"무슨…! 내가 2년 동안 외운 게 100문장 정도 되나? 어찌나 안 외워지던지 처음에는 종이에 적어서 여기저기 붙여놓고 틈 날 때마다 보고 읽었어. 그래도 2년이라는 세월이 적은 시간은 아니었는지, 100문장이 머릿속에서 툭 튀어나오지 뭐야."

할머니는 스스로도 뿌듯하셨는지 한참을 웃으셨다.

"그럼, 함께 일하시는 할머니도…"

"그렇지, 영어로 말을 하면 받아줄 사람이 필요해서 꼬셨지. 같이 하자고…. 죽어도 못한다던 그 할망구가 이제는 정말 잘해. 근데, 하늘은 스스로 돕는 자를 돕는다는 말이 있잖아. 아무리 열심히 해도 실력이 늘지 않아서 고민을 하고 있었는데, 얼마 전에 English Coaching Center라는 곳을 알게 됐어. 요즘에는 그곳에 가서 열심히 훈련하고 있어. 효과가 아주 좋아."

"English Coaching Center요?"

"응, 그렇지. 이씨 할망구랑 내일 아침에 만나기로 한 곳이 바고 거기야. 센터 가는 날이면 마치 운동하러 가는 기분이 들거든. 눈과 귀와 입과 손이 어찌나 바쁘게 움직여야 하는지 마라톤 뛰는 것 같애."

소원이는 할머니가 무슨 말씀을 하시는지 도무지 알 수가 없었다. train이라는 단어를 쓴 이유는 알게 되었지만, 영어를 운동하듯 한다는 말이 쉽게 이해되지는 않았다.

"비록 나이는 많이 먹었지만, 영어가 어느 정도 되면 그 90세 노인처럼 해외여행을 하면서 외국 친구들과 원활한 의사소통을 하고 싶다는 게 영어에 대한 내 꿈이지."

소원이는 할머니처럼 성적에 대한 부담감 없이 영어를 하면 자기도 잘할 수 있을까 하는 생각을 잠시 해봤다.

"할머니, 그런 꿈을 갖고 계시다니 부러워요."

할머니는 자랑스러운 얼굴로 웃으셨다. 시간이 많은 지났는지 졸음이 몰려왔다. 간밤에 선잠을 잔데다 긴장까지 했던 터라 더욱 피곤했다. 소원이가 하품을 하자, 할머니도 이제 자자며 방으로 안내해주셨다. 난생처음 혼자 여행이라는 것을 해보고, 피 한 방울 섞이지 않은 남의 집에서 잠까지 잔다고 생각하니 얼떨떨했다. 평소 자신의 모습이라면 하기 힘든 경험이었다. 동영상을 보듯, 하루를 찬찬히 돌아보는 것처럼 필름이 스쳐 가더니 금세 잠이 들었다.

떼어낼 수 없는
현실의 끈

멍, 멍, 멍!

강아지 짖는 소리에 소원이는 잠에서 깼다. 한지에 비치는 햇살이 아침임을 알려주었다. 눈꺼풀을 올리는 둥 마는 둥 하면서 옆자리를 봤지만 할머니는 보이지 않았다. 대신 밥상이 차려져 있었고 상보로 덮어져 있었다. 할머니는 어제 말씀하신 센터에 가신 것 같았다. 더 누워 있고 싶었지만 왠지 일어나야 할 것 같았다. 문을 열어서 밖의 공기와 햇살을 마주했다. 싱그러움이 얼굴을 스치고 상쾌함이 코끝에 머물며 식욕을 불러일으켰다. 소원이는 밥상을 쳐다보며 마냥 행복했다. 누군가가 자신을 배려해준다는 게 그대로 가슴에 와 닿았다. 밥상을 덮고 있던 보자기를 치우자 밥그릇 위에 작은 메모지가 놓여 있었다.

'소원아. 일어나면 꼭 식사를 하고. 어디든 갔다가 안성에 더 머물 생각이면 다시 오도록 해. 손녀 같아서 함께 있으면 나도 적적하지는 않을 것 같단 말이야.'

코끝이 찡했다. 할머니는 돼지고기볶음과 텃밭에서 자란 싱싱한 채소를 따다가 무침과 쌈으로 먹을 수 있도록 해두셨다. 없던 식욕도 생길 판이었다. 행복하게 아침을 먹은 소원이는 설거지랑 방 청소를 간단하게 하고 감사하다는 메모를 남기고 할머니 집에서 나왔다. 어찌 되었든 하루를 무사히 넘긴 셈이다.

가방 안에 있던 핸드폰을 확인하려고 보니 전원이 꺼져 있었다. 전원을 켜자 문자폭탄을 맞은 듯 수십 통의 문자와 부재중 전화가 와 있었다.

'왜 학교에 안 오니? 무슨 일이 있는 건 아니지? 문자 보면 냉큼 답장 보내도록. - 수진'

'내일 미진이 발인이야… 안 갈 거니? 연락 좀 주라. - 진아'

'소원아… 잘 있는지 문자는 줄 수 있지 않니? - 저팔계엄마'

'소원아, 어머님께 이야기는 들었다. 힘들겠지만 학교는 나왔으면

"Oh! Thank you!"

외국인은 은인을 만난 듯 기뻐했다.

"We want to go to see many notable temples and sculptures. But we are strange here."

"That's easy. You will see Cheongnyongsa if you take a bus no.20. But it will take 1 hour."

"That's no problem. Thank you."

중학생으로 보이는 여자아이였는데, 외국인과 거침없이 대화를 나누었다. 고맙다는 인사를 하고 떠나는 외국인에게 손을 흔들어주고 돌아서다가 소원이와 마주쳤다. 소원이는 자신도 모르게 그 학생에게 말을 걸었다.

"저기…, 이곳에 사니?"

"네. 언니, 길을 잃었어요?"

초롱초롱한 눈빛에 미소까지 짓자, 소원이는 대번에 빠져들었다.

"아니, 그런 건 아닌데…. 아까 외국인과 영어로 대화를 잘하더라. 외국 생활을 오래 했나 봐. 부럽다."

소원이가 정말 부럽다는 눈빛으로 쳐다보자 그 학생이 눈을 동그랗게 떴다.

"네? 외국에 가본 적 한 번도 없는데요. 대학생 되면 나가보고 싶기는 해요."

소원이는 깜짝 놀라기도 했지만, 무엇보다 기가 막혔다.

"외국에 나간 적이 없다고? 그럼 원어민한테 영어를 배운 거야?"

"원어민은 학교에서 잠깐 보는 정도예요. 영어, 그렇게 어렵지 않아요. 저희는 아주 쉽게 배우거든요."

"영어를 쉽게 배우는 사람들이 있기는 하지. 그래도 난…, 영어가 정말 어렵더라. 사람마다 다르니까, 뭐…."

"영어 금방 배울 수 있는데, 이상하네? 암튼, 언니도 저처럼 배우면 금방 잘할 수 있어요."

소원이는 믿지 않았다. 이제까지 영어에 쏟아 부은 시간과 노력을 생각하면 더더욱 그렇다.

"영어 배우는 데 특별한 방법이 있겠니? 다 거기서 거기지."

말은 퉁명스럽게 했지만, 한편으로는 정말 가능한지 그 비결이 궁금하기는 했다.

"저 지금 영어 하러 가는데, 구경해보실래요?"

"정말…?"

어차피 특별하게 할 일도 없어서 따라가 보기로 했다. 가는 동안 그 학생은 One-day English니 Magic Tree니 하면서 도통 알아들을 수 없는 말을 했다. 어쨌든 결론은, 그 자신이 6개월 코칭을 받았더니 자연스럽게 말이 나오게 되었다는 것이다. 소원으로서는 신기하게만 느껴졌다.

시골치고는 꽤 큰 아파트 단지 앞에 큼지막한 건물이 하나 있었다. 그 학생은 늘상 다녔는지 자연스럽게 2층으로 올라가 물컵에 물을 담고서 자신의 자리인 듯한 곳에 앉았다. 그러더니 갑자기 단어장 같은 책을 펴서 큰 소리로 읽기 시작했다. 물론 주변에 다른 아이들도 자신만의 무엇인가를 읽고 있었다. 마치 개구리들이 합창을 하듯 웅얼거리는 소리가 온 건물을 울렸다. 소원이는 조심스럽게 다른 방도 들여다보았다. 30여 명의 할머니, 할아버지들이 아이들과 똑같이 무엇인가 큰 소리로 읽고 있었다. 어른, 아이 할 것 없이 모두 바쁘게 읽고 있는 걸 보면 자신들이 해야 할 몫들이 있는 듯했다.

소원이는 궁금해졌다. 분명히 영어책을 읽고 있는 것 같은데 모두가 즐거운 표정이라는 점이 이상했던 것이다. 또 다른 방에서는 아이들이 게임을 하는 듯했다. 짧은 시간에 자신이 알고 있는 단어와 문장을 최대한 많이 말하는 사람이 우승자가 되는 게임이었다. 폭풍 말하기라고 표현할 수밖에 없었다. 아이들이 어찌나 빠른 속도로 단어와 문장을 말하는지 한글도 저렇게 빨리 말할 수 있을까 싶은 생각이 들 정도였다.

소원이는 모든 것이 신기했다. 자신이 했던 영어 공부와는 전혀 다른 느낌이었다. 조용히 앉아서 선생님이나 강사들의 영어지식을 전달받거나 문제풀이 혹은 단어 외우기가 전부였는데, 이런 왁자지껄한 분위기에서 영어를 우리말처럼 하고 있다니.

가르치는 선생님도 없었다. 그럼에도 모든 아이에게는 자신만의 분량이 있었다. 목이 아프도록 쉴 새 없이 지저귀는 새처럼 재잘거리다 가는 것이었다. 별난 곳이다 싶은 생각이 들었다.

"Good morning, 소원?"

누군가가 말을 걸었다. 그것도 영어로….

"…!"

소원이는 뒤를 돌아보고는 깜짝 놀랐다. 바로 김씨 할머니였기 때문이다.

"할머니, 이곳이…"

소원이는 정말 반갑기도 하고 놀랍기도 했다.

"여기는 어떻게 알고 왔니?"

할머니도 놀라기는 마찬가지인 듯했다.

"우연히 한 학생을 따라오게 되었어요. 근데, 할머니께서 영어 훈련하신다는 곳이 여기일 줄은 생각도 못 했어요."

소원이와 할머니는 나름대로 구면이라 반가웠다. 두 사람은 웅얼거리는 소리가 덜 들리는 상담실로 자리를 옮겨 이야기를 나누었다.

"할머니, 좀 놀랐어요. 할머니들이 많이 모여서 영어를 한다는 것이 낯설기도 하고 대단하시다는 생각이 들기도 하고…"

"우리가 비록 나이는 먹었어도 마음만은 이팔청춘이지."

할머니는 웃으며 좋아했다. 때마침 할머니들의 영어합창이 시작되어, 두 사람은 거기에 귀를 기울였다.

"할머니들께서도 이렇게 열심히 하시는데 학생인 저는 영어와 담을 쌓고 싶어 하다니, 반성 많이 해야겠어요."

소원이는 자신을 돌아보면서 진심으로 반성했다.

"우리도 기존의 방식대로 영어를 하려고 했다면 이 정도 수준까지 올 수 없었을 거야. 우리는 정말 행운아지. One-day English 코칭법을 만날 수가 있어서 말이야."

"One-day English라면…?"

소원이는 살짝 궁금했다.

"내가 말재주가 없어서 뭘 설명하면 말에 뚜껑과 밑창이 없단 말이지. 진 원장이나 폴 코치를 만나면 바로 설명해줄 건데…. 암튼, 이 방법으로 하면 입에서 영어가 술술 나온다고 생각하면 되는데…."

김씨 할머니는 설명을 자세히 해주지 못해 소원이에게 미안했다. 소원이는 궁금하기도 했지만, 영어를 취미로 배우는 어르신들과 자신의 입장은 다르다는 생각이 들었다.

"소원이도 여기 학생들처럼 하면 영어를 잘하지 않을까? 여기 학생들 중에는 고등학교 2학년인데 영어를 거의 배우지 못한 친구가 있었어. 근데, 두 달 정도 하더니 중학교 수준의 단어를 순식간에 읽어내더군. 역시 학생들은 뇌가 말랑말랑해서 빠르구나 했지."

소원이는 말이 안 된다고 생각했다. 그 학생의 상황이 말이 안 되거나 2개월 만에 그렇게 할 수 있다는 것이 과장된 거라고 생각했다. 그때 복도로 학생 둘이 지나가며 이야기하는 소리가 들렸다.

"너 오늘 기록 몇 분이야?"

자신 있는 목소리로 한 학생이 물었다.

"나? 오늘 20분 기록했어."

"악! 아깝다. 내가 1분 늦잖아. 뭐, 괜찮아. 내일도 하면 되니까. 내일은 더 분발해서 꼭 네 기록을 깨주고 말 테다."

두 아이는 주거니 받거니 하며 간간이 웃음소리를 터뜨리면서 지나갔다.

소원이는 아이들의 말에 더 귀가 솔깃했다. 아직 중학생 정도로 보이는 아이들이었는데, 기록이 어떻고 20분이 어떻고 하는 얘기를 나누는 걸 보고 그게 뭘까 궁금해진 것이다. 아마도 영어를 잘하는 비결 중 하나가 분명할 것이다. 머릿속이 복잡해진 소원이는 묘한 방법이 있기는 있는가 보다 싶은 생각이 들었다. 하지만 그렇다고 한들, 자신의 처지가 바뀌거나 변화할 상황이 아닌 이상 무슨 도움이 되겠나 생각하니 금세 기가 죽었다.

연못 속
뱀장어라 생각해

"소원아, 혹시 이 시골에 혼자 여행 온 것이 공부와 관계가 있니?"

잠깐 딴생각에 빠져 있던 소원이는 김씨 할머니의 예리한 질문을 받고 뜨끔했다. 어디서부터 무슨 말을 해야 할지, 입을 열기가 힘들었다.

"물론, 말하고 싶지 않으면 하지 않아도 돼. 그냥 서울 학생이, 그것도 여학생이 아무런 이유 없이 이곳까지 혼자 온다는 게 쉽지 않다는 생각이 드는구나. 무엇인가 힘들지 않고서야…"

소원이는 눈물이 핑 돌았다. 그저 조용히 가슴에 품은 채 잠시 잊고 지내다 보면 사라질 거라고 막연히 생각하던 참인데, 할머니의 애정 어린 말씀이 가슴에 와 꽂혔다. 소원이는 이내 눈물을 펑펑 쏟기 시작했다. 할머니는 당황스럽기도 했지만, 뭔가 모를 안쓰러움이 느껴졌다. 소원이는 평소 같으면 잘 넘겼을 질문인데도 그럴 수가 없었다. 복잡미묘한 감정선을 외줄 타기 하다 급기야 바닥으로 떨어지는 느낌이었다. 조용한 흐느낌으로 시작한 울음이 몰아치는 감정 때문에 눈물과 콧물이 섞이며 주체할 수 없을 정도가 됐다. 할머니는 소원이의 마음을 알 길이 없었지만, 이 어린 아이가 얼마나 감당하기 힘들었으면 이러겠나 싶어서 등을 쓰다듬어주었다.

그렇게 얼마나 흘렀을까. 소원이는 마음속에 있던 이야기를 할머니에게 털어놓기 시작했다.

"할머니…"

소원이는 할머니를 부르고 나서도 한참을 울었다.

"저와 함께 공부하던 친구가 며칠 전에 이 세상과 작별을… 했어요…. 성적을 비관해서 자살…했어요…."

잠시 머뭇거렸다. 한마디 말을 할 때마다 눈물이 쏟아질 것만 같았다.

"저도 그 아이처럼 하루에도 여러 차례 죽음에 대해서, 자살에 대해서 생각해보곤 했어요. 성적, 특히 영어 성적은 그 생각을 부채질하곤 했어요. 언제부턴가 영어는 과외를 해도 학원을 다녀도 소용이 없고, 성적이 계속 떨어지기만 했거든요…"

소원이는 속내를 숨김없이 쏟아냈다. 할머니는 소원이에게 손수건을 건네주었다. 아직 어린 학생이 그렇게나 큰 사건을 경험했으니 얼마나 견디기 힘들었을지 짐작이 되었다.

"저는 영어 때문에, 학생으로 사는 게 정말 싫어요. 엄마랑 가장 많이 부딪히는 것도 영어고요. 저희 엄마는 제가 영어만 잘하면 좋은 대학에 갈 수 있다고 믿거든요."

소원이는 자신도 모르게 푸념을 하고 있었다. 가만히 듣고 있던 할머니는 소원이에게 무엇인가 해주고 싶었다.

"소원아, 정말 힘들었나 보구나. 그 힘든 마음을 엄마나 아빠한테 말한 적은 없니?"

"웬걸요…. 말했죠. 근데, 부모님도 어떻게 해야 할지 모르기는 마찬가지예요. 사실은 저도 부모님 마음을 모르지는 않아요. 그러니까…, 지금까지 속으로 견디며 여기까지 온 거고요. 그렇지만 한편으로는 저도 이해받고 싶다는 생각이 들 때가 있어요. 부모님은 말로는 저를 이해한다고 하시지만, 이런 현실을 받아들이는 범위 안에서 이해인 거죠. 이 현실을 벗어나는 것은 패배자라고 여기거나 이것을 극복해야만 이 험난한 세상을 살아갈 힘이 생긴다고 보시니까요."

소원이는 서로의 입장이 영원히 평행선을 달릴 것만 같았는지 긴 한숨을 쉬었다.

"소원아, 오늘 우리 집에서 작은 연못 봤니?"

"아니요. 연못이 있었나요?"

"내가 자식들 분가하고 영감이 세상을 떠난 뒤부터 적적했다고 했잖아. 그래서 한 일 중 하나가 뒷마당에 연못을 만드는 것이었어. 연못을 만들어놓고 물고기를 가져다가 기르기도 하고 잘 큰 녀석들은 잡아 먹기도 하지. 어느 날, 옆집에 사는 할멈이 기력이 없을 때 먹으면 좋다고 하면서 뱀장어를 가지고 왔어. 당장 요리를 할 시간이 안 돼서 놔두었다가 나중에 먹을 생각으로 연못에 풀어놓았지. 그러고는 연못에 뱀장어를 넣어뒀다는 걸 까맣게 잊고 만 거야. 한참이 지나고 나서 생선찌개를 먹고 싶어서 연못에 갔더니 물고기들이 예전과 다르게 움직임이 아주 빨라졌더구나. 이상하다 싶었지. 어찌 되었든 물고기 한 마리 잡는 데 시간이 많이 걸렸어. 땀을 흘리며 잡기는 처음이었거든. 근데, 생선찌개가 그날따라 엄청나게 맛있더라고. 내 요리 실력이 좋아졌나 싶었지."

여기까지 이야기한 할머니는 그때 먹었던 찌개 맛을 상상하느라 그런지 행복한 표정이었다. 하지만 소원이는 할머니가 무슨 말씀을 하시는 건지 전혀 감이 오지 않았다.

"그러다가 뱀장어를 준 할멈이 우리 집에 온 거야. 전에 준 뱀장어 먹었느냐고 물어보더군. 그제야 연못에 뱀장어가 있다는 사실이 생각났어. 그 친구랑 같이 뒷마당 연못으로 갔지. 연못의 물고기 움직임을 보던 그 할멈이 대뜸 '물고기들이 뱀장어 때문에 살려고 열심히 도망치네'라고 하더라고. 그 말을 듣고 연못을 자세히 들여다봤더니 뱀장어 한 마리가 연못의 물고기들 삶에 엄청난 변화를 주었더구나. 무법자가 나타난 셈이지. 그처럼 살아남기 위해서 도망도 치고 먹이도 찾아다니다 보니 자연스럽게 물고기들의 활동량이 늘어나면서 육질이 쫄깃쫄깃해진 거야."

소원이는 물고기 입장에서는 정말 힘든 상황이었을 거라는 사실과 뱀장어의 존재가 그리 달갑지 않았을 것이라는 생각이 들었다.

"우리 삶에도 이런 일들이 비일비재하다는 생각이 들지 않니? 원치 않았지만 우리 삶에 찾아오는 수많은 위협이 우리를 힘들게 하기도 하고 곤경에 빠뜨리기도 하지. 하지만 그것이 정반대로 우리 삶에 활력을 주기도 한단다. 우리 소원이에게도 그렇지 않을까 하는 생각이 들어. 그런 의미에서 영어가 정말 뱀장어 같은 존재가 되어 삶에 활력을 주는 도구로 쓰일 수 있을지를 알아보면 어떨까?"

소원이는 할머니 말씀에 고민을 했다.

"우리 학생들은 영어를 피하고 싶어도 피할 수가 없다고 생각해요. 영어를 잘해보려고 얼마나 열심히 공부했는지 몰라요. 하지만 노력한 만큼 좋은 결과가 나오지 않은 걸 보면 영어는 잘하는 사람이 따로 있다는 생각이 들어요."

소원이는 변명 아닌 변명을 하며 자신을 위로하려고 했다.

"내가 하고 있는 방법대로 해보면 어떨까 싶은데…? 내 나이가 적은 나이가 아닌데, 영어를 술술 말할 정도면 소원이는 더 희망적이지 않을까? 영어를 즐겁게 할 수 있는 다른 방법으로 정면승부 하는 기회를 스스로에게 주는 건 어때?"

어느덧 김씨 할머니는 손녀를 걱정하는 소원이의 친할머니가 되어 버렸다. 소원이는 할머니의 배려와 걱정이 너무나 고맙기도 하고 할머니의 자신감이 부럽기도 했다. 토요일임에도 많은 학생과 어르신들이 즐겁게 영어를 훈련하고 있는 현장을 본 소원이는 자신이 뼛속까지 고민하고 있는 영어에 대한 어떤 기회는 아닐지 어렴풋이 생각해보기도 했다.

열심히 훈련한 학생들과 어르신들이 집에 갈 시간이 되었는지 삼삼오오 강의실에서 나오고 있었다. 재미있게 운동을 마치고 운동에 대한 뒷이야기를 하듯 영어 훈련을 하고 나서 향상된 기록이나 서로 영어로 대화하는 모습이 무척 자연스러웠다. 소원이는 학생들과 어르신들이 서로 영어로 대화하는 것을 보면서 마치 외국 학교에 와 있는 듯 착각이 들 정도였다. 김씨 할머니도 지나가는 사람들과 영어로 대화를 나누었다. 소원이는 그저 묘한 기분이었다. 자신도 이들의 일원이 되고 싶다는 생각이 들었다.

김씨 할머니와 함께 코칭센터를 나와서 할머니네 식당을 향해 걸어갔다. 할머니는 아무런 말도 하지 않았다. 식당 앞에 이르자, 소원이는 고개를 깊이 숙여 인사를 드렸다.

"할머니, 오늘 정말 감사했어요. 정성 가득 담아주신 밥, 정말 맛있게 먹었고요. 잠도 근래 가장 편안하게 잘 잤어요. 또 뵈러 올게요."

"그래, 소원아. 포기하지 말자. 포기하고 싶거든 이 할머니를 생각해보렴. 이 나이에 무슨 희망이 있겠니. 너도 엄홍길 알지? 산악대장 말이야. 전에 TV를 보는데, 어떤 기자가 엄홍길 대장에게 왜 자꾸 산에 오르느냐고 물었는데 그가 이런 말을 하더라. '산이 나를 불렀고 나는 그에 응했을 뿐이다. 에베레스트 산을 오를 때 99%는 한 발자국도 올라갈 수 없다고 생각하는데, 단 1%만이 그래도 가야 한다는 마음의 울림이 있어서 1%로 99%를 지배하며 한 걸음씩 올라가는 것이다'라고 하더라. 그 말을 들을 당시 나이 먹은 나의 현실은 99%가 그저 가만히 있다가 죽을 날만 기다리면 되지 않느냐였지. 그럼에도 단 1%는 '아직도 할 일이 많은 게 인생이다'라고 외치는 것을 느꼈단다."

할머니는 소원이의 손을 붙잡고 인자한 눈빛으로 소원이의 눈을 바라보았다. 소원이는 왠지 모를 전율이 느껴졌다. 할머니의 기를 느낀 것인지도 모른다.

"소원이도 99%는 영어가 나의 아킬레스건이라고 생각하겠지만, 깊은 내면의 1%만큼은 영어를 극복할 수 있으니 그래도 가야 한다는 꿈틀거림이 있을 거야. 그러니 그 힘을 믿어보면 좋겠다. 미세한 자신의 울림을 저버리지 말자는 것이지."

인생의 풍파에서 만난 사람은 가족보다도 가깝게 느껴진다는 말이 그냥 있는 말이 아니라는 사실을 소원이는 처음 알았다. 할머니의 손과 마음에서 전해지는 진지함 그리고 삶의 의지를 넘치도록 느낄 수 있었다. 이제 스스로가 자신을 힐링하는 훈련을 해야 할 시간이 다가오고 있었다.

마음도 가라앉히고 바람도 쐴 겸 해서 온 시골에서 뜻밖의 영어 충격을 당한 소원이는 머리가 복잡하기도 하면서 뭔가 이곳에서 영어에 대한 고민을 해결할 수 있을지 모른다는 막연한 기대가 생기기도 했다. 소원이 마음에는 아직도 아이들과 어르신들이 합창하듯 큰 소리로 영어를 말하는 모습이 생생하게 남아 있었다.

'이곳에서 다시 영어를 시작해볼 수 있을까?'

'영어의 늪에서 헤어난 것으로 보이는 이 사람들처럼 나도 할 수 있을까?'

'뭔가 색다른 방법으로 영어를 잘할 수 있다면 아직 영어를 포기하지 않아도 되는 것 아닐까?'

이런저런 생각에 빠져들면서 다시 집으로 가기로 마음먹었다. 낙오자로서 도망치는 것이 아니라 새로운 시도를 위한 도전자로서 서울을 떠나고 싶어졌다.

중요한 이야기

같은 시각. 소원 엄마는 딸아이가 떠날 때 남겨둔 메모와 떠난 지 하루가 지나서야 보내온 혼자 있고 싶다는 문자를 보면서 다시 한 번 생각에 잠겼다. 소원이가 떠난 걸 안 순간부터 아무것도 할 수가 없었다. 어떤 일도 손에 잡히질 않았다. 어제 오전 소원이가 자고 있을 때 잠깐 지인을 만나 대안학교 관련해서 이런저런 이야기를 나누었지만, 그저 알아보는 정도로만 생각했었다. 실제 공교육에 적응하지 못하고 낙오자 같은 느낌으로 대안학교에 가는 건 아니라고 생각했다. 그런데 딸아이의 메모와 문자를 곱씹어보면서 아이가 우선이라는 생각이 다시 한 번 들었다. 자식을 위한다는 것이 어쩜 이다지도 힘들까 싶었다. 자식을 위한 행동이나 결정이라고 생각했는데 어느 순간 내 자존심을 위한 것이 아닌가 싶은 생각이 들며 괴로웠다. 그 자존심이 삶을 살아온 경험이라 더욱 버릴 수가 없었는지도 모른다는 생각도 들었다. 핸드폰 알람이 울렸다. 소원이의 문자였다.

'엄마, 나 지금 집으로 가고 있어. 중요한 이야기를 하고 싶어.'

드디어 올 것이 왔구나 싶었다. 자식에 대한 내적 싸움을 이제 그만 내려놓아야 할 것 같았다. 이번에야말로 소원이를 위해서 결정해야 한다⋯.

이런저런 생각과 결심을 반복하고 있을 때 남편이 들어왔다. 지금 소원이가 집으로 오고 있다는 것과 중대한 발표를 할 것이라는 이야기를 해주었다. 부부는 더는 욕심을 부리지 않기로 했다.

"우선 소원이의 이야기를 진심으로 들어보자. 우리의 생각이나 경험이 기준이 되지 않도록 말이지."

소원 아빠의 진심이었다.

"그래. 건강하기만을 바라던 시절이 있었는데, 그 마음을 회복해야 하나 싶은 생각이 들었어."

"정말 큰 결심 했네. 소원이가 어릴 때 병치레를 자주 하니까 당신이 더도 덜도 말고 건강하고 밝게만 살아주면 소원이 없겠다고 했었지.

어쩌면 우리가 거기까지만 욕심을 부리는 게 최선인지도 모르지."

여전히 답답함은 있었지만 부부는 내려놓는다는 아쉬움보다 받아들인다는 깨달음으로 훨씬 더 마음이 편안해졌다.

소원이는 서울로 올라오는 동안 참 많이 고민했다. 자기 의견을 한 번도 제대로 이해시켜본 적이 없었던 터라 어떻게 이야기를 시작해야 할지 막막했다. 소원이는 현관 앞에서 한참을 망설이고 서 있었다. 낙오자가 아닌 도전자로 떠난다는 의미를 어떻게 이해시킬지 고민이었다. 여러 차례 심호흡을 하고 정리가 된 후에야 현관문을 열고 들어갔다.

소원이가 들어서자 아빠와 엄마는 서로 질세라 달려나와 소원이를 꼭 껴안고는 환하게 웃어주었다. 의외의 환대에 소원이는 어쩔 줄 몰랐다.

"소원아, 무사히 돌아와 주어서 고맙다."

엄마가 팔에 힘을 주며 더 꼭 안아주었다. 정말 오랜만에 느껴본 엄마의 따뜻함이었다. 온 가족이 함께 포옹하며 잠시 그렇게 서로의 마음을 느끼고 있었다.

"밥은 먹었는지 모르겠네."

"먹었어, 엄마. 그것보다… 아빠, 엄마한테 하고 싶은 이야기가 있어."

"그래…. 우리 딸 이야기를 한번 들어보자."

서로 손을 잡은 채 둘러앉았다. 소원이는 안성이라는 시골에 가서 겪었던 이야기를 들려주었다. 할머니를 만나서 하룻밤을 보내게 된 사연부터 영어를 잘하는 학생을 따라 English Coaching Center라는 곳에 가서 학생들과 어르신들이 영어를 훈련하듯이 즐겁게 하고 있는 모습까지 세세하게 설명했다. 그런 과정에서 소원이가 이해하고 깨닫게 된 사실들을 설명하는 것도 잊지 않았다.

"그래서 저도 영어를 다시 해보고 싶어졌어요. 그들처럼 낙오자가 아닌 도전자로서 다시 시작하고 싶어요. 안성에서…"

다시 지방으로 가자는 말에 두 분이 쉽게 수긍하지는 않을 것이라 생각했다. 엄마가 서울로 오기 위해 무진 애를 썼다는 사실을, 그것도 소원이 자신을 위해서 그렇게 했다는 걸 잘 알기 때문이다. 그래서 어떤 상황이 전개되더라도 각오를 하고 있었다.

잠깐의 침묵이 흐른 뒤 아빠가 먼저 입을 열었다.

"소원아…. 너는 그동안 우리의 선택을 좋든 싫든 늘 따라야만 했어. 우리는 그것이 너를 위해서 좋은 것이라고만 생각했단다. 근데, 우리가 욕심을 많이 부렸다는 사실을 알게 되었지. 오늘은 소원이의 선택을 전적으로 따를 생각이다."

"엄마도 아빠랑 같은 생각이야. 그래도 정말 다행이다 싶은 것은 네가 영어를 포기하지 않았다는 것과 그것을 이겨내기 위해서 중대한 결정을 스스로 했다는 거야. 그 점이 자랑스럽구나. 그냥 이곳을 도망치듯 떠나는 것은 아닌가 걱정을 했었는데, 우리 딸이 확실히 엄마보다 낫구나."

 엄마는 소원이의 손과 얼굴을 만지며 눈물을 흘렸다. 이 순간만큼은 자신이 엄마로서 최선을 다하고 있다는 생각이 들었다. 아빠도 모녀를 껴안으며 감사한 마음을 가졌다.

 "아빠…, 엄마…. 믿어줘서 고마워."

 소원이네 가족은 정말 오랜만에 깊은 속내 이야기를 나눌 수 있었다. 정말 오랜만에 찾아온 주말의 행복이었다. 서로를 위한다며 살아왔지만 늘 각자의 위치에서 열심히 하는 삶이었다. 인생의 추가 어느 한쪽으로 쏠려 있다 보면 다시 다른 한쪽으로 움직이기 마련이다. 지금까지 각자의 열심으로 수고를 인정받으려 했다면 서로의 삶으로 마음의 위로를 해줄 때가 된 듯했다. 엄마는 모처럼 소원이와 함께 잠을 자기로 했다. 함께했던 그동안의 시간을 돌아보며 어떤 일에서는 새삼 고마움을 다시 느끼고 어떤 일에서는 아쉬움을 느끼면서 모녀의 밤은 깊어만 갔다.

가자 소원아,
네가 발견한 새로운 길로

소원이는 미진이 사건이 있고 나서 처음으로 학교에 갔다. 실제로 결석한 날은 금요일 하루뿐이지만, 몇 달은 지난 느낌이다. 소원이에게 학교 분위기는 상당히 낯설었고, 침울했다. 선생님들은 학생들을 조심스러워했고 학생들도 그저 조용했다. 소원이를 발견한 수진이는 저 멀리서부터 달려왔다.

"소원아, 어떻게 된 거니? 전화도 안 받고 문자 해도 답을 안 주고…. 얼마나 걱정했는지 알아?"

미안한 마음에 소원이는 희미하게 웃어 보였다.

"미안…. 미진이 발인은…?"

막 숨을 고르는 수진이를 향해 넌지시 물었다.

"…. 운구를 들고 학교랑 교실 한 번씩 돌아보고 장지로 갔어. 이대로 선생님이 많이 우셨어. 그런 모습 한 번도 본 적이 없었는데…. 그래서 더 슬퍼지더라."

"그런 일이 있었구나."

미진이 얼굴이 어른거렸다. 늘 창백한 얼굴이었고 어떤 일에도 적극적으로 나서지 않는 아이였다. 소원이나 수진이가 평소에 잘 챙겨주지 못한 것에 미안했듯이 담임선생님도 그런 마음이었을 거라는 생각이 들었다. 수업 중에도 가끔씩 미진이 책상이 있던 자리에서 시선이 멈추곤 했다.

숨소리조차 신경 쓰일 만큼 조용한 분위기에서 하루 수업이 끝났다. 이대로 선생님이 소원이를 불렀다.

"소원아, 좀 괜찮니?"

"네, 괜찮아요. 저보단 선생님이…."

"결석했던 날 아침에 바로 전화를 했어야 했는데…. 혹시 그랬다면 그런 일은 피할 수 있지 않았을까 하는…. 교직생활 하면서 이런 일을 겪으리라고는 상상도 해본 적이 없는데…. 미진이에게 많이 미안하더구나…."

소원이도 마음이 짠했다. 미안함과 자책감을 안경 너머 눈물로 느낄 수 있었다. 소원이는 그저 가만히 있었다.

"너도 힘들겠지만, 미진이 같은 생각은 하지 않았으면 한다. 지난주 학교 오지 않았을 때 얼마나 놀랐는지 모른다. 힘들면 언제든지 선생님을 불러. 같이 찾아보면, 사람 사는 일인데, 방법이 없겠니?"

선생님은 이 말을 남긴 채, 교무실로 향했다. 축 처진 어깨가 안쓰러웠다. 시간이 지나면 조금씩 잊히겠지만, 지금 이 순간은 가슴이 아려왔다.

미진이 사건이 언론매체에 계속 오르내리면서 학교에 대해 안 좋은 이미지가 생겼다. 이런 점들을 의식했는지 학교 측에서는 다양한 힐링 프로그램을 마련해 학생들과 교사들의 무거운 마음을 덜어주려고 애를 쓰고 있었다. 이런 일들이 진행되고 있을 때쯤, 소원이는 엄마와 함께 담임선생님 개별 면담을 신청했다.

오후 수업이 끝나고 학생들이 모두 돌아간 교실.

"선생님… 경황이 없으실 텐데 뵙자 해서 송구합니다."

"아닙니다, 별말씀을. 제가 할 일이 있다면 어떤 것이든 말씀해주세요."

"사실…, 그전부터 고민해오던 문제인데, 이번 사건을 계기로 좀 빨리 정리가 되었어요. 부모로서 자식에게 삶의 방향을 제시하기보다는 어떻게 하면 이 세상에서 남부럽지 않게 살 수 있게 해줄까만을 생각해왔던 것 같아 반성 많이 했습니다. 제 아이가 얼마나 좋은 대학교를 졸업해서 얼마나 좋은 직장에 취직하느냐에 목을 맸던 거지요. 그것도 물론 무시할 수 없는 일이긴 해요. 결국에는 아이가 자기 길을 가야 하는데, 남들보다 더 평탄한 길에 있다고 생각되면 맘이 훨씬 놓일 테니까요."

"네. 그렇지요."

담임선생님이 착 가라앉은 목소리로 짤막하게 대꾸했다.

"그런데 저와 아이 아빠가 반성하는 점은, 그런 목표를 순전히 저희 생각으로만 설정했다는 점이었어요. 소원이 생각이 어떤지를 한 번도 들어본 적이 없었고, 그냥 '너는 따라오기만 해' 하는 식이었다는 거예요. 이번에 가족이 둘러앉아 얘기를 나누면서 소원이 얘기를 마음으로 듣고서 그간 얼마나 힘들었을지를 알게 됐어요."

엄마는 여기까지 말을 마치고 소원이를 바라보았다. 선생님도 그 시선을 따라 소원이를 보았다. 소원이는 고개를 숙인 채 가만히 얘기를 듣고 있었다.

"지난주에 혼자 학교를 빠지고 여행을 다녀와서는, 아, 선생님께도 걱정 끼쳐서 죄송합니다. 그래도 무사히 돌아왔으니 너그러이 봐주세요."

"물론입니다. 소원이가 혼자서 잘 정리하고 돌아온 것 같아 마음이 놓였습니다."

"네. 그때 집에 돌아와서는 새로운 도전을 하고 싶다고 말하더군요. 낙오자가 아니라 도전자로서 출발하고 싶다고요. 아이 아빠랑 저는 전적으로 응원하기로 했습니다. 부모나 사회가 정하는 때가 아니라 각자 자기만의 때가 있음을 받아들이기로 했어요."

소원 엄마의 이런 고백은 소원이도 처음 들었다.

"그렇죠. 백번 지당하신 말씀입니다. 저도 이번 일로 지난 십여 년의 교직생활을 돌아보게 되었습니다. 그야말로 참담한 심정이었습니다. 언제부턴가 저 또한 현실에 무릎을 꿇고 끊임없이 스스로를 합리화해가며 살아왔다는 걸 깨달았습니다. 사후약방문일지도 모르지만, 앞으로는 저 자신부터 다시 시작한다는 마음으로 해보려고 합니다."

선생님도 많은 것을 생각하셨던 모양이다. 한마디 한마디가 무척 무거웠다. 잠깐의 침묵으로 서로의 아픔이 생생하게 읽혔다.

소원 엄마는 조심스럽게 본론을 꺼냈다.

"그래서…, 이번 학기를 마치고 전학을 가려고 합니다. 소원이가 새로운 도전을 위해서 그렇게 하기를 원합니다. 많이 고민하고 이렇게 말씀을 드리게 되었습니다."

"아, 전학…까지 생각하셨군요."

선생님은 소원일 보면서 뭔가를 생각하시는 듯했다.

"어렵게 들어온 학교인데…, 나중에 후회하진 않을까요?"

"저도 처음에 그렇게 생각했는데, 제 욕심이라는 생각이 들었어요. 그리고 다음을 어떻게 할지 소원이가 충분히 이해하고 있고 우리 부부도 공감했기에 그 결정을 돕고 응원해주고 싶습니다."

천천히 고개를 끄덕이던 선생님이 입을 열었다.

"알겠습니다. 전학이라는 선택이 단순히 이 상황을 벗어나고 싶은 것이 아니라 온 가족이 충분히 대화를 나누고 결정한 것이라 여겨지니 다행입니다. 아쉬움은 있지만, 저도 새로운 도전을 돕겠습니다."

선생님은 아쉬운 눈빛으로 소원이를 바라봤다. 소원이는 죄송한 마음에 고개가 더욱 숙여졌다.

"소원아, 잘 이겨내서 멋진 대학생이 되어보자."

선생님이 소원이에게 악수를 청했다. 소원이는 선생님의 손을 맞잡고 따뜻하게 전해지는 힘을 느꼈다.

면담을 마치고 소원이와 엄마는 팔짱을 끼고 운동장을 가로질러 갔다.

"엄마, 고마워."

"뭘, 엄마도 이제야 소원이의 마음을 알게 된 건데…"

"그러니까 고맙다는 말이지…"

모녀는 행복했다. 서로를 알고 이해하고 사랑한다는 것이 새삼스럽게 고마웠다.

미진이 사건도 시간의 더께가 앉으며 점점 희미해져갔다. 어쨌거나 현실을 살아가는 사람들에게는 늘 씨름해야 할 문제가 눈앞에 있었다.

기말고사도 치렀고, 어느덧 1학년 마지막 날이 되었다. 마지막 수업을 마치자, 이대로 선생님이 소원이를 앞으로 불렀다.

어색한 자세로 선 소원이는 눈을 내리깐 채 조용한 목소리로 작별인사를 했다.

"친구들아…, 나에게는 오늘이 이곳에서의 마지막 날이야. 새로운 곳에서 새로운 시작을 해보려고 해. 모두 건강하고, 이제는 우리에게 가슴 아픈 일이 일어나지 않았으면 해. 모두 고마웠어. 나중에 어디서든 만나면 알은체해줘."

아이들이 웅성거리기 시작했다. 단짝인 수진이 빼고는 모두 처음 듣는 얘기인 것 같았다. 수진이는 침울한 얼굴로 고개를 푹 숙이고 있었다.

"자, 자. 우리 새로운 시작을 하려는 소원이에게 격려의 박수를 보내주자!"

선생님의 말에 모두 응원의 말을 하며 손뼉을 쳐주었다.

아프고 치열했던 대치동 생활은 이로써 막을 내리고, 소원이는 새로운 도전을 위해 한 걸음을 내디뎠다.

둘째 마당: 남이 정해준 길을 벗어나

셋째 마당:
영어는 티칭이 아니라 코칭

코칭센터를 찾아가다

"엄마, 내 책상 어느 쪽에 놓을까?"

"거기, 창가가 어떠니?"

소원이네 가족은 한창 짐을 옮기고 있었다. 안성시 금광면 홍익아파트가 소원이네 새 보금자리다. 소원이는 목소리가 한결 밝아 보였다.

"소원아. 네가 왜 굳이 이곳으로 오자고 했는지 모르겠지만, 이 촌에도 이렇게 큰 아파트 단지가 있어서 놀랐어."

"엄마, 이리 와봐. 여기 서서 창밖을 내다보면 넓은 들이 있고, 그 뒤 아파트들 사이로 건물이 하나 보이지?"

엄마는 소원이가 가리키는 쪽을 바라보았다. 들판 너머 아파트 단지에 전원주택처럼 2층짜리 건물이 있었다.

"저기가 내가 새로운 도전을 시작할 곳이야."

소원이는 김씨 할머니가 영어로 말을 걸던 기억이 떠올라서 웃음이 나왔다.

"엄마랑 내일 같이 가보자."

엄마는 소원이가 그토록 싫어하던 영어를 해보겠다고 마음먹게 된 이유가 무척 궁금했다. 그런 한편으로 이런 시골에서 얼마나 제대로 배울 수 있을지 걱정이 되기도 했다. 소원 아빠는 짐 정리를 하느라 분주했다. 모녀가 대화를 나누는 것을 얼핏 보며 간간이 미소를 지으면서….

시골에서 첫날밤은 평온하면서도 개운했다. 온몸에 신선한 공기가 공급되는 느낌이었다. 아빠가 출근길을 나선 다음, 소원이와 엄마도 외출할 준비를 했다. 문을 열고 나오면서부터 모든 사람이 새로 이사 온 소원이 식구에게 인사를 건넸다. 서울에서는 볼 수 없는 정겨움에 어색하기도 했지만 사람 냄새가 물씬 났다.

아파트 정문에서 길을 건너니 바로 그 건물이었다. 건물 앞에 이르자 집의 창가에서는 잘 보이지 않던 간판이 눈에 들어왔다. 'One-day English Coaching Center'라고 적혀 있었다. 소원이는 엄마와 함께 건물 안으로 들어갔다. 입구에 현수막이 걸려 있었는데, 이렇

> **영어 공부 하루면 충분하다
> 그러면 어느 날 영어의 달인이 된다**

게 적혀 있었다.

'영어 공부 하루면 충분하다. 그러면 어느 날 영어의 달인이 된다.'

'저게 무슨 말이지? 어설픈 상술 같은데…?'

엄마는 살짝 불안했다. 의심의 눈초리로 주위를 둘러보기 시작했다. 이른 시각이었는데, 벌써부터 강의실에서는 아줌마들의 중얼거리는 목소리가 들려왔다. 두 사람이 소리가 나는 쪽으로 향하는 순간, 강의실 문이 열리면서 한 중년의 남자와 마주쳤다. 얼떨결에 서로 인사를 했다.

"안녕하세요? 영어 공부를 하고 싶어서 오셨나요?"

소원이는 어느새 엄마 뒤로 숨어 있었다.

"아, 제가 아니라… 제 딸아이 영어 공부 때문에…."

엄마는 옆으로 살짝 비키면서 시선으로 소원이를 가리켰다. 남자는 소원이를 쳐다보며 부드러운 미소로 인사를 건넸다.

"저는 이곳 One-day English Coaching Center 원장 제임스 진입니다. 그러면, 상담실에서 이야기를 나누실까요?"

"네."

모녀는 진 원장을 따라 현관 앞에 있는 상담실로 들어갔다.

우리는 왜 영어를 어렵게 배울까요?

원장은 뜨거운 물로 찻잔을 따뜻하게 한 후, 녹차 잎을 넣고 뜨거운 물을 부었다.

"안성 분은 아니신 듯하네요?"

"네, 서울에서 어제 이사 왔어요."

엄마는 왠지 기분이 묘했다. 서울이라는 단어가 좀 창피하게 느껴지기도 했다.

"아, 그렇군요. 요즘은 서울 분들이 귀농을 많이 해서 안성에서 많이 사십니다. 여기 우전차 좀 드시죠. 귀한 분들께만 드리는 차랍니다."

"고맙습니다."

차 맛이 정말 좋았다. 향기가 은은하고 감칠맛이 났다.

"자연은 우리에게 참 많은 것을 줍니다. 저기 저 숲을 보세요. 어제와 오늘 숲의 모습은 전혀 달라 보이지 않지만 그 하루하루가 모여서 사계절을 만들어냅니다. 신기하죠?"

소원 엄마는 차를 마시며 자연 이야기를 하는 게 나쁘달 수는 없었지만, 어서 본론으로 들어가고 싶었다.

"저기…, 제 아이가 여기에서 영어를 하고 싶다고 해서 왔습니다만…"

"아, 네."

진 원장이 고쳐 앉으며 소원이 쪽을 바라봤다.

"이름이 뭐예요?"

"소원입니다. 이소원이요."

"어떻게 여기를 알고…?"

"전에 여행 왔다가 우연히 알게 돼서…. 뭔가 좀 다르다는 느낌이 들었어요."

진 원장은 빙그레 웃으며 소원이의 반짝거리는 눈빛을 보았다. 그러더니 엄마 쪽을 보면서 갑자기 물었다.

"어머님, 우리나라는 왜 영어를 어렵게 배울까요? 어렵게 배워도 제대로 써먹지도 못합니다. 어디 그뿐인가요? 죽도록 영어에 대한 한을 가지고 살아갑니다. 왜 그럴까요?"

"…. 원래 다른 나라 말 배우는 게 쉽지 않잖아요. 그래서 열심히 하는 것이고…."

소원 엄마는 뻔한 질문에 뻔한 답을 하고 있다는 생각이 들어서 시큰둥했다. 진 원장은 소원 엄마의 반응에 아랑곳하지 않고 말을 이었다.

"우리에게 영어가 어려운 이유를 크게 세 가지로 생각해볼 수 있어요. 첫째는 영어를 의사소통의 도구라고 하면서도 실제로는 학문적 영역으로 생각하고 있다는 것이죠. 분석하려고 한다고 할까요. 쉬운 예를 들면, 한국 학생들은 해석을 하거나 독해를 할 때 가장 먼저 하는 것이 주부와 술부를 구분하면서 문법적 구조를 분석해서 이해하려고 하는 경향이 있다는 것입니다. 이러면 의미보다 형식이 앞서게 됩니다. 형식을 중요시하다 보면 의사소통이라는 본질은 사라지게 되죠. 둘째로 영어를 단기적으로 어떤 관문을 통과하는 테스트용으로만 배우고 있다는 사실입니다. 영어를 잘하는 게 중요하기보다는 잘 아는 게 중요시되고 있습니다. 점수만 잘 나오면 된다고 여기는 것이지요."

소원 엄마는 뜨끔했다. 사실 소원이의 영어 점수만 잘 나왔다면 여기까지 올 일도 없었다는 걸 부인할 수 없었다. 소원이도 백 퍼센트 공감했다.

"마지막으로 가장 중요한 부분인데요. 어머님, 질문 하나 더 드려도 될까요?"

부담스러웠지만 어쩔 수 없는 상황이다.

"네. 가능하면 쉬운 걸로 해주세요."

진 원장은 웃으며 말을 이어갔다.

"자전거 탈 줄 아십니까?"

"아직 배우지 못했어요."

"어, 엄마! 얼마나 쉬운데…."

소원이는 엄마가 자전거를 못 탄다는 게 신기했다. 그냥 타면 된다고 생각했기 때문이다.

"여기 정말 좋은 자전거가 있습니다. 지금부터 제가 자전거 타는 방법을 설명해드리겠습니다."

진 원장은 핸들 조작법, 브레이크 사용법, 페달 굴리는 법 등등을 자세하게 설명해주었다.

"이제 어머님은 자전거 타는 법을 배웠습니다. 제 설명이 부족했다거나 따로 질문할 게 있으신가요?"

설명 들은 내용을 떠올려보니 딱히 질문할 것이 없었다.

"글쎄요, 특별히 질문할 것은 없는 것 같아요."

"자, 그럼 지금부터 밖으로 나가서 자전거를 타볼까요?"

소원 엄마는 당황해서 손을 내저었다.

"아니요, 나중에 제가 혼자 타볼게요."

"그러면, 상상을 해볼까요? 지금 어머님은 자전거 타는 것을 이론적으로 배웠습니다. 그렇지만, 실제 몸으로 익히지 않았기 때문에 자전거를 탈 수 있다고 말하긴 어려울 것입니다. 이것이 영어에도 똑같이 적용됩니다. 영어가 어려운 마지막 이유는 배우기만 하고 익히지 않았다는 점입니다."

"배우기만 하고 익히지 않았다는 말씀이…?"

소원이도 궁금했다.

"학교나 학원이나 심지어 과외에서도 모두 가르치기만 하지 익히는 시간이 없습니다. 학문을 위해서, 영어 점수를 위해서 모두가 배우기만 하고 있다는 거죠."

진 원장은 녹차를 한 모금 마시며 잠시 생각할 시간을 주었다.

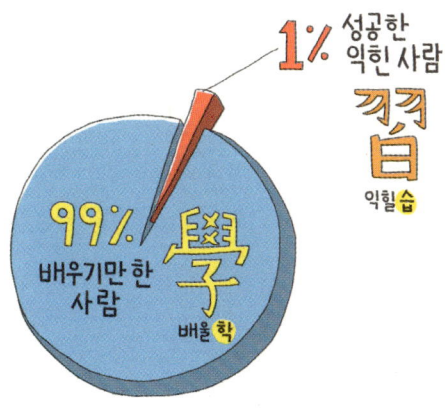

셋째 마당: 영어는 티칭이 아니라 코칭

배우기만 하고
익히지는 않는다

 소원이는 모든 것이 이해가 되는 듯했다. 자기가 바로 그러지 않았는가. 학교 수업은 물론이고 학원에 과외 수업까지 받았지만 단 한 번도 배운 것을 제대로 익힌 적이 없었다. 진도를 나가거나 성적을 내기 위해 문제풀이에만 급급했던 사실이 떠올랐다.

 "무슨 말씀인지는 알겠지만, 자전거를 배우는 것과 영어를 배우는 것이 같지는 않다고 생각합니다. 자전거는 몸으로 익히면 되지만 영어는 몸으로 익히는 것이 아니라 머리로 외우는 거잖아요. 어떻게 같다고 할 수 있는지…, 잘 모르겠네요."

 "어머님, 방금 말씀하신 내용을 혹시 머리로 외워서 말씀하셨나요? 단어나 문장 구조들을 배치해가면서 말이지요."

엄마는 순간 당황했다. 외워서 나온 말이라기보다는 그냥 생각이 입으로 자연스럽게 나온 것이고, 그건 너무나 당연한 일 아닌가.

"제가 드리고 싶은 말씀의 핵심은 '영어는 기술이다'라는 것입니다. 어머님, 〈생활의 달인〉이라는 프로그램 본 적 있으시죠?"

"네, 재미있게 봤어요."

"생활의 달인들이 자신의 기술을 눈 감고도 자연스럽게 할 수 있는 것은 온몸으로 익혔기 때문입니다. 영어도 뇌와 입의 근육이 익힘의 과정을 거치면 영어의 달인이 됩니다. 이것이 기술을 익히는 과정과 큰 차이가 있을까요?"

딱히 뭐라 말을 할 수 없었다. 그럴법하다는 생각도 들었는데, 그러다 문득 의문이 생겼다.

"익힌다는 것이 열심히 노력해서 반복을 많이 하면 된다는 말과 같은 말 아닌가요?"

"물론 익힘에는 반복이라는 단계를 거치게 되어 있습니다. 그렇지만 외우기 위해서 반복하는 것, 즉 노력하는 것은 익힘의 열매와는 전혀 다릅니다. 어머님 말씀처럼 대한민국은 OECD 회원국 중에서 공부하는 시간이 가장 긴 나라입니다. 주당 50시간이 넘으니까요. 이것만 봐도 얼마나 노력하고 있는지 알 수가 있죠. 학교 수업을 제외하고도 주당 10시간 이상을 영어와 수학에 투자하고 있어요."

맞는 말이었다. 가장 가까운 예로 소원이가 그랬으니까.

"또 다른 통계도 있습니다. 2012년에 우리나라 사교육비는 총 19조 원이 들었는데 그중 6조 4,602억 원이 영어에 투자되었다고 합니다. 그렇게 했으면 세계 어디에 내놔도 영어로 유창하게 의사 표현을 해야 할 텐데, 유학생들의 40%가 영어를 못해서 되돌아온다고 해요. 그렇게 엄청나게 노력하고 투자했는데, 왜 이런 결과가 나올까요?"

소원이와 엄마는 잠자코 듣고만 있었다.

"물론, 개인 성향에 따라서 언어 능력이 높은 사람이 있고 낮은 사람이 있을 수 있습니다. 하지만 언어 능력이 낮은 사람이라 해도 언어로 자신의 의사를 전달하지 못할 정도는 아니지요. 이런 점을 생각해보면 말을 한다는 면에서는 외우는 노력으로 언어를 익혔다고 보기 어려울 것입니다."

소원이는 진 원장의 말에 마음이 열리기 시작했다. 자신은 우리말로 얼마든지 표현할 수 있는 능력이 있지만, 그것을 배우는 데 엄청나게 외우려고 노력했던 기억이 없다. 이제 작은 희망이 생긴 셈이다. 그렇지만 여전히 의문이 남아 있었다.

"원장님, 전체적인 말씀은 이해가 되는 것 같아요. 그렇지만 아직 이해되지 않는 부분이 있습니다. 우리는 영어권 나라에 살고 있지 않다는 점이에요. 한국어처럼 24시간 접한다면 외우지 않아도 가능하다고 생각이 들지만, 그렇지 않은 환경에 있는 우리에게 영어를 외우지 않고 할 방법이 있을까 하는 의문이 든다는 것입니다. 그래서 노력해야만 하는 것이 우리의 현실이라고 생각되거든요. 실제로 노력해서 되는 사람들이 있으니까요."

소원이가 영어에 대해 얼마나 고민을 많이 했는지 알 것 같았다. 진 원장은 소원이를 다시 한 번 자세히 바라보았다. 고등학생의 생각이라고 여기기 어려울 만큼 깊이가 느껴졌다.

진 원장은 조용히 일어나 창문을 열었다.

"소원아, 저기 산이 보이지?"

"네."

"저 산에 나무들이 있는데, 나무들 중에는 사과나무도 있고 감나무도 있어. 사과나무는 무엇을 심어야 사과나무가 될까?"

소원이는 생뚱맞은 질문이라는 생각이 들었지만 대답을 안 할 수도 없었다.

"그거야…, 당연히 사과 씨앗을 심어야죠."

"그래, 정확히 아는구나. 그럼 이번에는 꿈이라는 씨앗을 심으면 무슨 열매가 나와야 할까?"

"꿈…의 열매가 나오지 않을까요?"

이번 대답에는 확신이 없었다. 사과는 구체적인데 꿈은 추상적이라는 생각이 들어서다. 그렇다고 콩 심은 데 콩 나고 팥 심은 데 팥 난다는 기본적인 사실이 바뀌지는 않을 테니 꿈을 심으면 꿈이 나

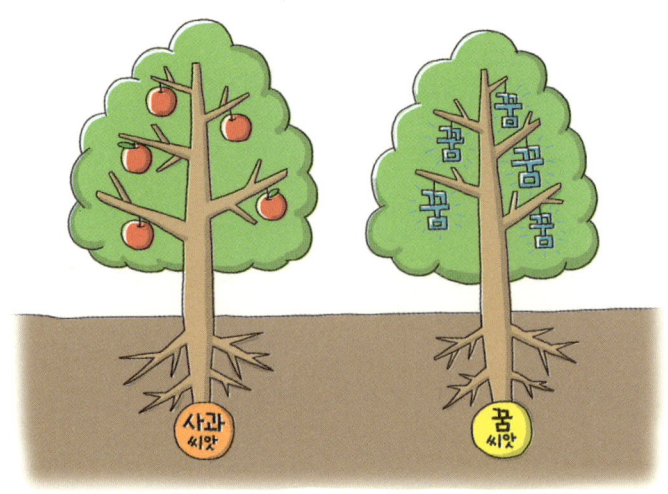

와야 상식적으로 맞다고 생각했다.

"너는 영어에 대해서 어떤 꿈을 심어보고 싶니?"

소원이는 영어에 대한 꿈이라는 말에 한참을 망설였다. 솔직히 지금까지 영어 성적이라는 것만 생각하며 공부했을 뿐 영어와 꿈을 한 자리에 놓고 생각해본 적은 없었다.

"그냥 잘할 수 있으면 좋겠다는 것밖에는 생각이 나지 않아요."

"그것도 괜찮아. 그렇지만 기왕 생각할 기회가 되었으니 더 생각해 보는 것도 좋을 것 같구나. 그런 다음에 다시 찾아오겠니?"

"그냥 가라는 말씀인가요?"

엄마는 당황했다.

"네, 오늘은요. 어머님도 영어에 대한 꿈을 생각해보시고 소원이랑 같이 오시면 좋겠습니다."

"여기 학원 아닌가요? 학원비를 받고 수업을 진행해주시면 될 것 같은데…."

"여기는 학원이 아닙니다. 코칭센터죠."

난감했다.

'그게 그거 아닌가…?'

소원이와 엄마는 엉겁결에 자리에서 일어났지만, 뭔가 개운치 않은 느낌이었다.

"소원아, 영어에 대한 꿈이 나름대로 정리되면 엄마랑 찾아와라. 그리고 어머님께도 분명히 영어에 대한 꿈이 있으실 거예요. 그걸 잘 생각해보시면 좋겠습니다."

어쩔 수 없이 현관문을 나온 소원이와 엄마는 유별난 곳이라는 생각을 하면서도 '영어에 대한 꿈'이라는 말이 쉽게 지워지지 않았다.

영어에 대한 꿈

며칠이 지났다. 소원이는 하루에도 몇 번씩 아파트 앞에 있는 산에 오르곤 했다. 운동도 운동이지만 나무들을 유심히 살피며 관찰하기를 반복했다. 아직 겨울이 한창이라 나무들은 가지만 앙상한 채 서 있었는데, 관리소에서 한 것인지 나무마다 이름표를 달아놓아 어떤 나무인지는 알 수 있었다. 서울에서는 나무 자체를 생각조차 해보지 않았는데, 평범했던 나무가 며칠 전부터 새롭게 보이기 시작했다.

소원이는 수많은 나무 사이를 요리조리 걸으면서 작은 나무와 큰 나무의 관계를 생각해보았다. 거기에는 유독 사과나무가 많았는데, 작든 크든 나무들은 모두 비슷했다. 가을이 되면 큰 사과나무에는 빨간 사과가 주렁주렁 매달리겠지. 혹시 어린 사과나무는 자기가 어른이 되면 사과라는 결실을 볼 거라는 사실을 알고 있지 않을까? 그 희망과 꿈을 가지고 어린 사과나무는 수분과 영양분을 빨아들여 물관과 체관을 통해서 순환시키며 성장하지 않을까?

소원이는 다시 진 원장의 질문이 생각났다.

'영어에 대한 꿈.'

소원이에게 영어에 대한 꿈은 분명히 성적은 아니었다. 중학생 때 우연히 〈테드(TED)〉라는 강연 프로그램을 본 적이 있다. 한국의 한 학생이 활과 화살을 만드는 기술자가 되어 세계인들 앞에서 자신의 삶과 활과 화살을 만드는 과정을 영어로 말하는 것을 보며 감동했다. 그때 그 학생을 보며 소원이도 영어를 잘해서 〈테드〉 강연자로 서고 싶다는 생각을 했다. 그것을 당시의 순간적인 바람이라 여겼는데, 꿈이라는 단어와 연결해보니 기분이 묘했다.

"소원아…."

소원이는 누군가 자기를 부르는 소리를 듣지 못했다.

"소원아! 무슨 생각을 그렇게 하니?"

"엄마!"

"무슨 생각을 하길래 부르는 소리도 못 들어?"

"엄마. 나, 영어에 대한 꿈이 있었던 것 같아. 전 세계 청소년들에게 꿈을 전하는 드림 메신저가 돼서 〈테드〉 강연을 하는 거야."

〈테드〉 강연을 하고 싶다고 했던 말은 기억이 난다. 한참 〈테드〉에 열중했었지. 그때만 해도 우리 소원이가 영어를 정말 잘할 줄 알았는데…."

"맞아, 엄마. 나도 그때는 그럴 줄 알았지."

씁쓸하면서도 이제는 그것을 다시 찾은 기분이 들었다.

"참, 엄마는 영어에 대한 꿈 생각해봤어?"

"얘는. 엄마가 이제 와서 무슨 영어를 생각하겠어? 말이 되니? 너나 잘하면 좋겠다."

"그래도…. 엄마도 학생 때 영어 때문에 고민했거나 뭔가를 바란 적이 있었을 거잖아?"

"하하. 엄마 때는 그저 외국인과 대화만 할 수 있으면 좋겠다, 그런 생각을 했었지. 외국인만 보면 멀리 도망치곤 했으니까."

엄마는 소녀 시절이 생각났는지 해맑게 웃었다.

"엄마, 우리 이번에 영어 같이 해보자. 나도 엄마가 같이 하면 더 용기가 날 것 같은데…."

"영어 때문에 고민하고 힘들었던 것이 내 딸에게 그대로 대물림이 될 줄이야 누가 알았겠니. 우리 때는 영어 공부 할 학원이나 개인 과외가 쉬운 것도 아니었으니 그렇다 하더라도, 요즘엔 이렇게나 환경이 좋은데도 영어가 어려운 걸 보면 분명 문제가 있긴 하지."

"그니까, 엄마… 같이 하자…."

엄마는 소원이의 눈을 바라보았다. 영어가 싫어서 죽고 싶어 했던 슬픈 눈빛이 아니었다. 새로운 도전에 대한 기대감이 묻어났다. 영어에 대한 꿈을 어떻게 갖는지가 생각 자체를 바꿀 거라곤 상상도 못했다.

"엄마, 우리 내일 코칭센터에 가보자. 난 이제 시작하고 싶어."

"그래, 우리 같이 한번 해보자."

모녀는 서로 마주 보고 활짝 웃었다.

해 아래 새것은 없다

One-day English Coaching Center에서는 진 원장과 폴 코치가 즐겁게 대화를 나누고 있었다. 옆 강의실에서 주부들과 어르신들의 영어 훈련 소리가 우렁차게 들려왔다.

"원장님, 우리 어르신들의 영어 실력이 날이 갈수록 향상되고 있네요. 초등 800단어가 입에서 술술 나옵니다. 이제 겨우 한 달 했을 뿐인데."

폴 코치는 흥이 절로 났.

"다행입니다. 어르신들이 영어의 한을 푸신 것 같아서."

"어르신들이 이제 800단어를 40분이면 다 읽으십니다."

"조금만 더 속도가 빨라지면 중학 단어로 넘어가도 되겠네요."

"속도의 중요성을 새삼 느꼈습니다."

그때 소원이와 엄마가 코칭센터 현관으로 들어섰다.

"안녕하세요. 이소원 엄마입니다."

두 사람은 하던 이야기를 멈추고 반갑게 맞아주었다.

"드디어 오셨군요. 반갑습니다. 오실 거라 믿었습니다. "

폴 코치도 진 원장을 통해서 익히 들은 바라 반갑게 맞아주었다.

"소원아, 안녕? 다시 만나서 반갑다."

"안녕하세요?"

소원이도 한결 편했다. 폴 코치는 녹차를 준비하고 진 원장이 상담실로 안내했다.

"영어에 대한 꿈이 정해졌나 보구나."

소원이는 웃으며 고개를 끄덕였다.

"〈테드〉 강연을 하고 싶어요."

소원이는 그동안 사과나무를 보면서 느꼈던 점과 자신의 꿈에 대한 이야기를 상세히 들려주었다.

"오, 놀라운걸. 폴 코치님, 간만에 수제자가 생길 것 같은데요."

진 원장과 폴 코치는 함박웃음을 지었다.

"소원아, 이제 우리가 코칭을 시작해도 될 것 같구나."

"감사합니다. 그리고 저희 엄마도 시작하실 거예요."

소원이 말에 엄마는 당황했다. 모두 자기를 쳐다보는 바람에 말까지 더듬거려졌다.

"아, 저…, 그러니까… 소원이가 영어를 하는 데 제가 도울 방법이 뭔가 싶기도 했고, 학창 시절 영어를 잘해서 외국인과 대화를 하고 싶다는 생각이 나기도 해서…. 같이 해볼까 생각만 했어요. 실제 할지는…."

진땀이 났다. 사실 나이 먹고 할 필요가 있나 싶기도 하고…, 이런 저런 생각이 오락가락하는 참이었다.

"정말 현명한 결정을 하셨네요. 지금부터 바로 코칭을 시작하겠습니다."

그냥 돌려보낼 때와는 전혀 다른 양상이었다. 진 원장은 소원이를, 폴 코치는 소원 엄마를 맡아 각자 강의실로 들어갔다.

소원이가 자리에 앉자, 진 원장은 소원이에게 영어로 성공한 사람들의 이야기를 영상으로 보여주었다. 이익훈, 오성식, 민병철부터 유수연, 김기훈, 레이나까지 영어 스타 강사들의 공부 비법을 인터뷰한 영상이었다. 수능, 토익, 토플, 회화 등과 같이 영어를 세분화하기는 했지만 대한민국에서 '영어' 하면 알 만한 스타 강사들이었다. 15분 정도의 영상을 보면서 소원이는 비법을 찾으려고 집중했다.

"소원아, 보면서 무슨 생각이 들었니?"

"뭐랄까…. 스타 강사가 되기까지 정말 많이 노력했구나, 영어를 좋아했구나, 방법이 조금씩 다르구나 같은 생각을 했어요. 이 중에서 나한테 맞는 방법이 뭘까도 생각해봤는데, 잘 모르겠어요."

"집중해서 뭔가 찾으려고 했구나. 내가 이 영상을 보여준 이유는 두 가지야. 첫째는 영어를 공부하는 방법이 얼마나 다양한지를 알아야 한다는 거지. 시대와 환경이 다르다는 점도 있지만, 이 사람들은 자기만의 방법으로 영어를 마스터했어. 두 번째는 그래서 영어 학습에는 왕도가 없다는 거야. 왕도가 없다는 것은 노력을 해야 한다기보다는 모든 방법이 가능하다는 말이기도 하다는 사실을 이해하면 좋을 것 같아."

"네…. 근데, 어떤 방법으로 하더라도 쉽지는 않아 보여요."

소원이는 다시 실망감이 몰려왔다. 성적을 올리는 요령을 알게 된 것은 좋았지만, 그것이 정말 영어를 잘하는 방법인지는 의문이 들었기 때문이다.

"소원아, 영어 학습법에 관한 많은 책이 쏟아져 나오고 있지만 특별한 방법이 없는 건 사실이야. 오히려 이런 학습법들이 역효과를 발생시켰다고 할 수 있지. 영어를 더 어렵게 만들었다는 얘기야."

"그럼, 특별한 방법이 있는 것이 아닌데 원장님께서는 어떻게 가르치시는 거예요?"

소원이의 질문이 날카로웠다.

"이제까지의 영어 학습 방법이 어땠는지 생각해볼까? 대부분 자기만의 방법으로 영어를 마스터한 사람들이 그 방식대로 많은 사람에게 가르치는 방법이었어. 하지만 오늘부터 소원이가 알아가게 될 방식은 영어를 모국어처럼 외우지 않고 습득해가는 코칭이라는 것이지. 물론 이 방법도 세상에 없던, 완전히 새로운 것은 아니란다."

소원이는 알 듯도 하고 모를 듯도 했다.

"원장님. 제가 너무 예민한 것인지 모르겠지만, 가르치는 것과 코칭은 다른 건가요? 학원이름도 코칭센터라고 하시고…?"

"아주 큰 차이가 있지. 학습의 주체가 달라지는 것이거든. 티칭은 지식의 소유자가 다른 사람에게 지식을 전달해주는 형태라서 가르치는 사람이 더 많은 것을 알아야 하지. 그렇지만 코칭은 피코치자가 스스로 질문과 경험을 통해서 그 지식을 깨닫도록 이끌어내는 거야. 그래서 영어를 익히는 것은 스스로 습득해야 하기 때문에 티칭이 아니라 코칭이라고 볼 수 있지."

"그렇군요. 암튼, 제가 모국어처럼 영어를 외우지 않아도 잘할 수 있다는 말에 다시 희망이 생겼어요. 근데, 정말 가능할지 여전히 걱정은 있네요."

"단언컨대, 소원이는 영어를 아주 빠른 시간에 잘하게 될 거야. 세상에 있던 방법인데 많은 사람이 모르거나 놓치고 있는 것들이 있단다. 영어를 어렵게 배운 이유 중에서 세 번째가 배우기만 하고 익히지 못했다는 사실이란 걸 이야기한 적이 있지? 앞으로 소원이는 익히는 부분에 대해서 집중적으로 경험하게 될 거야. 그러면 익힘의 과정에서 속도가 얼마나 중요한지를 깨닫게 될 거야. 익힘과 속도가 극복되면 폭발적 말하기(speaking brainstorm)와 폭발적 글쓰기(writing brainstorm)가 순식간에 이루어진다는 사실을 경험할 수 있지. 그러고 나면, 소원이는 영어라는 사슬에서 놓여날 수 있단다."

 진 원장의 설명을 들으면서 소원이는 이제까지의 영어 수업과는 전혀 다른 기분이었다. 학습 방법이나 요령, 시험에 나오는 것들을 알려주거나 무조건 외우고 문제를 푸는 게 그간 경험해온 영어 학습이었다. 그런데 진 원장의 설명에는, 싫지만 어쩔 수 없이 따라가야 하는 강제조항 같은 것이 없었다. 묘한 끌림이 영어에 대한 호기심을 불러일으켰다.

할머니,
저 도전하러 왔어요

소원 엄마도 폴 코치에게 소원이와 비슷한 코칭을 받고 소원이 있는 곳으로 건너왔다. 그때, 아주머니들과 할머니들이 영어 훈련이 끝났는지 웃음과 대화가 화음을 이루며 복도가 왁자지껄해졌다. 소원이는 혹시나 싶은 생각에 진 원장에게 양해를 구하고 강의실 밖으로 얼굴을 내밀었다. 가족이 아님에도 가족만큼이나 자신의 마음을 이해해준 김씨 할머니를 찾는 것이다. 할머니는 무리 중에서 맨 나중에 나오셨다. 여전히 위풍당당하고 소녀 같은 모습으로 이씨 할머니와 이야기를 나누면서 천천히 나오고 계셨다.

"할머니! 저 기억하세요? 저, 소원이에요, 이소원."

소원이가 막 뛰어가면서 자신을 기억할 수 있도록 설명을 하려는

데, 할머니는 소원이의 말이 끝나기도 전에 손을 붙잡고 꼭 안아주었다.

"소원아, 너로구나. 그동안 어떻게 지냈니? 이렇게 다시 보니 반갑구나. 마음이 힘든 건 잘 이겨냈는지 어디 아프진 않은지 많이 궁금했단다."

소원 엄마도 뒤따라 가서 인사를 했다.

"안녕하세요, 할머니. 낯선 곳에 혼자 있던 아이를 보살펴주시고 챙겨주셔서 정말 감사 드립니다."

"별말씀을…. 제 손녀 같고, 노인네야 혼자 있으면 적적하니 누구라도 같이 있으면 좋아서… 그냥 그런 것뿐이죠."

그러다가 할머니가 진 원장을 보더니 큰 소리로 말했다.

"진 원장님. 예전에 만났다던 서울 학생이 여기 있는 소원이랍니다. 그때 One-day English가 뭔지 내가 제대로 설명을 못 해줬거든. 원장님이 시원하게 설명해주세요."

진 원장과 폴 코치는 지난겨울에 할머니가 얘기했던 학생이 소원이라는 사실을 알고, 그 아픔과 꿋꿋이 싸우고 있다는 사실에 대견해했다. 그래서 더더욱 영어라는 사슬에서 풀려나도록 도와주고 싶다고 생각했다. 소원이 한 사람만의 문제가 아니라 대한민국 청소년 모두의 문제이기도 하기 때문이다.

소원이는 조만간 할머니 댁에 놀러 가겠다고 약속했다. 할머니는 가면서도 몇 번이나 뒤를 돌아보면서 손을 흔들어주었다. 소원이와 엄마도 마지막까지 인사를 드리며 손을 마주 흔들었다.

이날은 서로의 마음과 간절함을 확인할 수 있는 좋은 기회가 되었다. 소원이와 엄마는 며칠 후에 다시 찾아오기로 하고 집으로 향했다.

"엄마, 어떤 것 같아?"

"나도 도전하기로 마음먹었어. 영어가 어려운 것이 아닐 수 있겠다는 희망 같은 걸 느꼈지. 네가 어려운 선택을 한 것이 의미가 있을 수 있겠다는 생각도 들더라. 소원이 영어 때문에 오기는 했지만, 이제 엄마도 영어를 해보려고 해."

"우와, 우리 엄마 멋지다. 그렇지만 엄마라고 봐주진 않을 거야."

모녀는 새로운 희망을 품은 채 노을 은은히 깔린 길을 걸었다.

One-day English,
하루에 끝내는 영어

▼ "a/an, a/an, a/an, 하나의, a/an"
"about, about, about, ~에 대하여, about"
"across, across, across, ~을 가로질러, across"

영어 단어를 읽는 초등학생들의 목소리가 우렁차게 들려왔다. 소원이와 엄마는 희한한 광경을 보고 있었다. 10여 명이 들어갈 수 있는 강의실에서 아이들이 각자의 영어 교재를 큰 소리로 읽는 것이었다. 학생들은 강의실에 들어서면 물컵에 물을 담아 자리로 가서, 의자에 앉자마자 교재를 펼쳤다. 가르치는 사람도 따로 없었다. 읽는다기보다는 100미터 달리기를 하듯 전력질주를 한다는 느낌이 들 정도로 단어나 문장을 읽어가는 속도가 장난이 아니었다. 각자의 분량을 누가 먼저 끝내는지 내기라도 하듯 올림픽에서 금메달이라도 딸 기세였다.

눈이 동그래서 이 광경을 보고 있는 소원이와 엄마에게 진 원장과 폴 코치가 다가왔다.

"어떤 느낌이 드시나요?"

소원이와 엄마는 깜짝 놀라며 인사를 했다.

"신기하고도 하고 재미있어 보여요. 근데, 왜 다들 물컵을 가지고 있는 거예요? 목이 마르면 가서 마시면 될 텐데…"

"하하하. 금방 아시게 될 겁니다."

웃음소리가 의미심장했다.

"자, 오늘은 두 분이 영어를 배우는 날입니다. 오늘 하루만 영어를 배우게 될 것입니다. 오늘 이후로는 영어를 배울 일이 거의 없을 거예요."

"네? 영어를 배우러 왔는데 하루로 끝이라니…"

"이 말도 잠시 후면 충분히 이해가 되실 거예요."

아리송한 마음으로 모녀는 두 사람이 안내하는 강의실로 이동했다. 영어를 배운다고 했는데, 다과가 준비되어 있었다. 배움의 시간이 담소를 나누는 시간처럼 느껴졌다.

"자, 지금부터 영어를 시작하겠습니다. 여기 보시면 초등 800단어, 중등 1500단어, 수능 5500단어가 있습니다. 그리고 One-day

셋째 마당: 영어는 티칭이 아니라 코칭

Magic Tree Grammar 초급과 중급이 있고요. 또 회화 문장 초·중·고급, 중등 교과서, 영어 도서, 영자신문이 있고, 자기만의 1000문장 노트가 있습니다. 단어와 어휘 교재 중에서 하나, 문법은 초급이나 중급에서 하나, 리딩 교재도 하나씩 선택해보세요. 자기만의 1000문장 노트는 공통입니다."

소원이는 아무래도 고등학생이라 수능 단어, 문법 중급, 영어 도서, 자기만의 1000문장 노트를 선택했다. 엄마는 주변 시선을 의식한 듯 여러 가지 교재를 들었다 놨다 했다.

"어머님, 한국의 모든 사람이 영어 교재를 어떻게 선택하는지 아세요?"

폴 코치의 질문에, 엄마는 잠시 생각하더니 대답했다.

"글쎄요…. 보통 자신이 아는 수준에서 선택하거나 대중적으로 많이 보는 교재를 선택하지 않을까요?"

"맞습니다. 영어를 아는 수준에서 교재를 선택하니 영어를 더욱 못하는 거죠. 뭔가 어려운 게 좀 있고 모르는 게 있어야 공부하는 맛이 난다고 생각하거든요. 하지만 효과가 정말 좋으려면 자신이 할 수 있는 수준에서 교재를 선택해야 합니다. 우리가 며칠 전에 만났을 때 어머님은 외국인과 자유롭게 이야길 나누고 싶다고 하셨죠? 그것이 정말 영어를 하고 싶은 목적이고 바람이라면 그 기준에 맞는 교재를 선택하는 것이 가장 좋을 겁니다."

폴 코치의 말에 소원 엄마는 며칠 전 자신의 모습을 떠올리며 고개를 끄덕였다. 그러고는 탁자 위에 있는 교재들을 유심히 보더니 초등 800단어, 문법 초급 그리고 베이직 수준의 영어 도서, 자기만의 1000문장 노트를 선택했다. 엄마 모습을 지켜보던 소원이도 슬그머니 수능 단어와 영어 도서를 내려놓고 중등 1500단어, 중학 교과서를 집어 들었다.

"우리는 늘 잊지 않아야 합니다. 영어에 대한 꿈이 무엇이었는지를 말이죠."

진 원장이 한마디 거들었다. 교재가 선정되었기에 본격적인 영어 코칭이 시작되는 것 같았다.

한 시간에 한 바퀴

"자, 여기 여러 크기의 톱니바퀴가 있습니다."

진 원장은 화이트보드에 여러 크기의 톱니바퀴를 그렸다.

"톱니바퀴의 크기도 중요하지만, 어떤 톱니바퀴를 선택해서 얼마나 빠른 속도로 한 바퀴를 돌릴 수 있느냐가 더 중요합니다. 그리고 잊지 말아야 할 것은 작은 톱니바퀴와 큰 톱니바퀴 사이의 관계입니다. 작은 톱니바퀴가 큰 톱니바퀴를 돌릴 수 있으려면 맞물려 있어야 한다는 거죠. 두 사람이 선택한 교재들이 바로 톱니바퀴라고 생각하면 됩니다. 이 톱니바퀴는 어휘·문법·독해·쓰기로 구성되어 있습니다. 어머님이 선택한 톱니바퀴가 가장 작은 겁니다. 그럼 소원이는 중간 크기 정도가 될 겁니다."

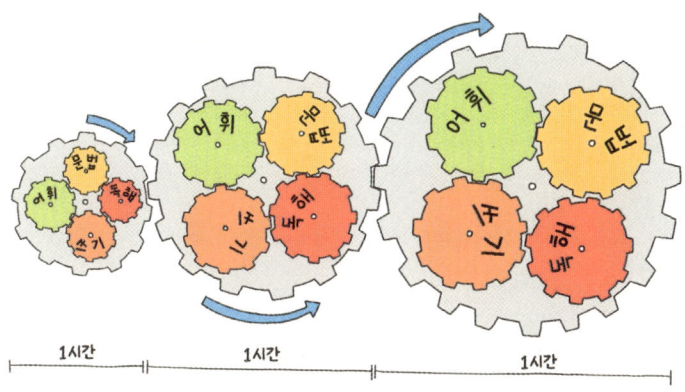

소원이와 엄마는 손에 든 교재를 다시 한 번 살펴봤다.

"지금부터 영어 학습의 핵심 원칙 세 가지를 말씀드리겠습니다. 매우 중요하니 꼭 기억해주세요. 첫 번째 원칙, 시간입니다. 작은 톱니바퀴든 큰 바퀴든 간에 정해진 시간 안에 한 바퀴를 돌릴 수 있어야 합니다. 한 시간이 기준입니다. 한 시간에 어휘·문법·독해·쓰기가 모두 이루어져야 합니다."

소원이는 충분히 할 수 있다고 생각했다.

"매일 분량을 정해놓고 한 시간 동안 하는 거야 어렵지 않아요. 할 수 있을 것 같아요."

간만에 자신 있게 대답했다. 폴 코치와 진 원장이 동시에 웃었다.

"소원아, 네가 선택한 교재들을 처음부터 끝까지 다 보는 데 한 시간이 걸려야 한다는 얘기란다."

폴 코치가 웃으며 설명했다.

"네? 설마…!"

소원이와 엄마는 당황했다. 처음부터 끝까지라는 말에 기겁했다.

'이건 말도 안 돼!'

"놀라셨죠? 하지만 사실입니다. 초등이든 고등이든 수준에 상관없이 한 시간에 모든 영역을 처음부터 끝까지 해야 합니다. 훈련할 내용은 늘어나지만 훈련 시간은 같아야 한다는 게 원칙입니다."

두 사람의 놀란 표정을 아랑곳하지 않고 진 원장이 설명을 이어갔다.

"두 번째 원칙은 속도입니다. 한 시간 안에 하려면 당연히 어휘·문법·독해·쓰기의 속도가 빨라져야 하겠죠. 이 속도에 중요한 비밀이 숨어 있습니다. 바로 속도는 뇌를 활성화하는 가장 강력한 에너지가 된다는 사실입니다."

"아직 이해가 되지 않습니다. 아무리 빠른 속도로 한다 해도 이 많은 것을 어떻게 한 시간 안에 할 수 있다는 건지…."

소원 엄마는 암담했다. 영어를 대한 지가 얼마나 오래되었는지 생각도 나지 않는데, 이것을 빠른 속도로 읽어내야 한다니…. 자기도 모르게 한숨이 나왔다.

"그런데요, 단어를 빨리 읽으면 외워지나요?"

소원이가 물었다.

"그래서 마지막 원칙을 말하려고 했어."

진 원장이 웃으며 말을 이었다.

"마지막 원칙은 큰 소리로 읽되 절대로 외우지 않아야 한다는 것입니다. 외우기 시작하면 절대로 다 익힐 수가 없습니다. 이 말의 의미는 반복과 익힘의 과정을 거치면서 정확하게 경험하게 될 겁니다."

소원이와 엄마는 도대체 알 수가 없었다.

"백문이 불여일행입니다. 정하신 교재를 가지고 직접 해보는 길밖에는 답이 없습니다. 우선, 단어를 읽는 요령은 3·1·1입니다. 영어 단어를 세 번 발음하고, 한 번 한글 뜻을 읽고, 마지막 한 번은 다시 영어로 발음합니다. 물론 큰 소리로 읽어야 합니다. 이런 식으로 첫 페이지 첫 단어부터 마지막 페이지 마지막 단어까지 큰 소리로 읽고 걸린 시간을 기록합니다. 이어서, 문법·독해·쓰기는 한 번씩만 처음부터 끝까지 큰 소리로 읽고 각각 걸린 시간을 기록하면 됩니다. 전체 걸린 시간을 늘 기록해야 합니다. 오늘 걸린 시간을 내일 깨는 것이 중요하고요. 그렇게 해서 단어를 위한 lab-time이 30분이 되도록 해야 합니다."

폴 코치의 자세한 설명이 끝나자, 하는 요령은 어느 정도 알 듯했다.

세 개의 Magic Tree

"자, 그럼 이번에는 문법을 말씀드리겠습니다."

진 원장이 설명하기 시작했다.

"여기 One-day Magic Tree Grammar가 세 종류 있습니다. 이 나무들은 우리가 문법을 통해서 얻게 될 결실들입니다. 나무는 뿌리·줄기·가지와 열매로 구성되어 있습니다. 기본적으로 뿌리는 영어의 8품사를 의미합니다. 나무는 뿌리를 통해 모든 영양분과 수분을 줄기에 공급해서 열매를 맺게 하지요. 이와 마찬가지로 영어는 8품사가 언어를 구성할 수 있도록 문장성분을 제공합니다. 특히 명사·대명사·동사·형용사의 뿌리는 다른 것들보다 굵은 게 특징입니다. 이는 문장 구성의 주요 품사가 명사·대명사·동사·형용사인 경

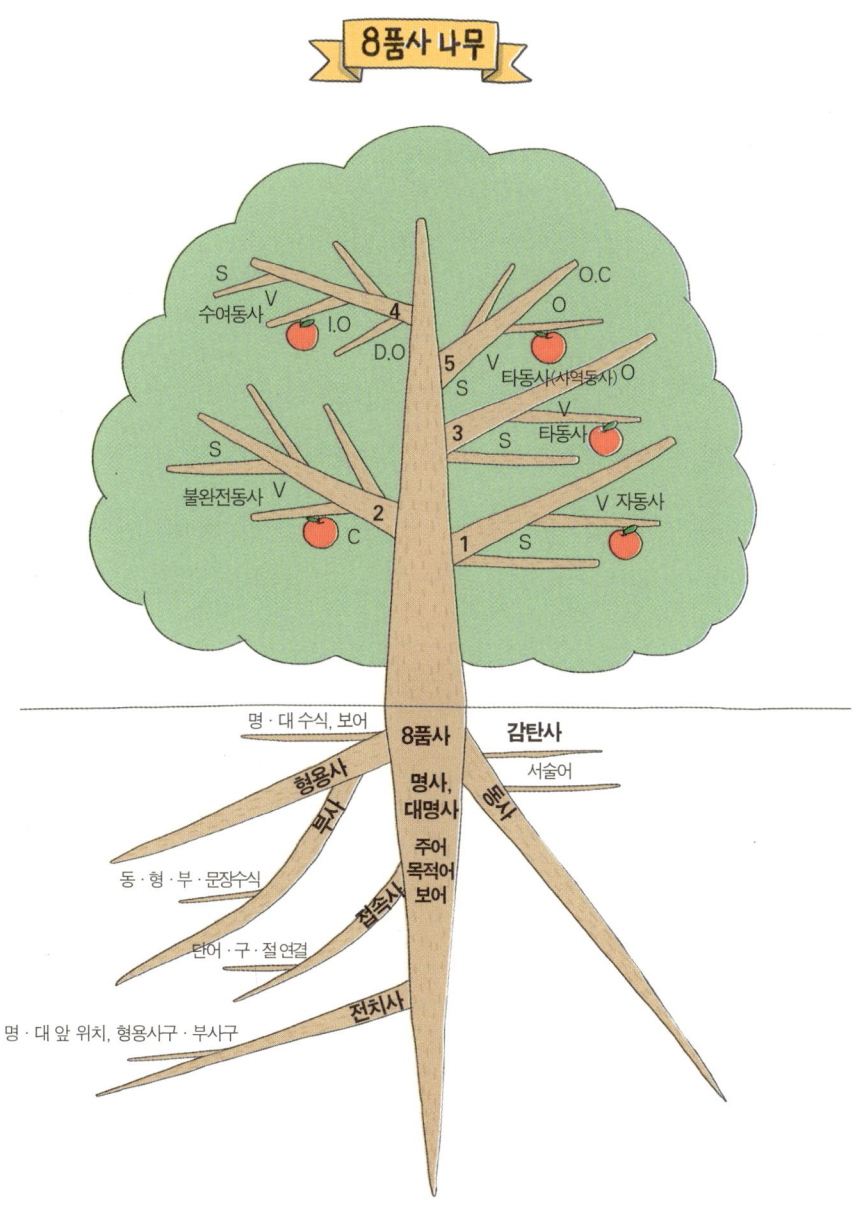

우가 많기 때문입니다. 물론 나머지 품사들도 각각의 뿌리로서 역할을 합니다."

소원이와 엄마는 나무 모양의 그림을 위로, 아래로 열심히 쳐다보았다.

"뿌리에서 흡수된 영양분들이 줄기를 타고 올라가면서 문장의 성분으로 바뀝니다. 이를테면 명사, 대명사는 문장에서 주어, 목적어, 보어 역할을 하죠. 여기를 보시면 큰 줄기에 다섯 개의 가지가 형성된 것을 볼 수 있죠? 이 가지가 바로 문장의 5형식을 나타냅니다. 명사와 동사의 뿌리에서 만난 성분이 여기, 1형식이라는 가지를 만든 셈이지요. 다음 가지는 명사·동사·형용사가 만나서 문장 성분을 이루어 2형식이라는 가지를 만들었죠. 이런 식으로 5형식의 가지를 만들게 됩니다. 어떤가요? 문장의 형식이 한눈에 보이지요?"

소원이는 특히나 문법이 약했기에 한마디라도 놓칠세라 유심히 들었다.

"정말 한눈에 알 수 있어 좋아요. 일반적인 설명보다 이미지가 머릿속에 쉽게 그려지네요."

소원이 반응에 엄마도 끄덕이며 추임새를 넣었다.

"오랜만에 문법 설명을 듣는데도 쉽게 이해가 됩니다. 나무의 가지가 문장의 형식으로 표현되니 쉽네요."

진 원장은 두 사람의 반응에 흥이 나기 시작했다.

"음, 질문이 있는데요. 가지는 이해가 되는데, 여기 열매는 무엇을 의미하나요?"

"오, 관찰을 잘했네요. 나무가 열매를 맺는다는 것은 무엇을 의미할까요?"

"성장했다는 말이 아닐까요?"

소원 엄마가 얼른 떠오르는 대로 답했다.

"맞습니다. 나무가 성장하는 과정에서 열매를 맺기 시작합니다. 문장의 5형식을 알았다고 바로 말하기나 글쓰기로 연결되지는 않습니다. 뿌리에서 수분과 영양분을 공급하는 지속적인 순환이 이루어져야 비로소 가지에서 열매가 맺어지죠. 이걸 생각하면 쉽게 이해가 되실 겁니다. 뿌리 역할을 하는 8품사의 조합·배열·융합이라는 과정을 지속적으로 익힘으로써 언어가 생성되고, 그것이 형식이라는 가지와 만나 비로소 말하기와 쓰기라는 언어의 결과물이 나온다는 사실을 말이죠. 이 점을 이해하고 두 번째 나무를 보시면 첫 번째 나무와 다른 점이 보이실 겁니다."

소원이와 엄마는 Magic Tree Grammar를 뚫어지라 쳐다보았다.

"나무가 좀더 큰 것 같아요."

"맞아요. 그리고 잔뿌리가 생기기 시작했고, 굵은 줄기 옆에 '구'라고 적혀 있네요."

소원이와 엄마는 숨은그림찾기라도 하듯 나무를 샅샅이 훑어보

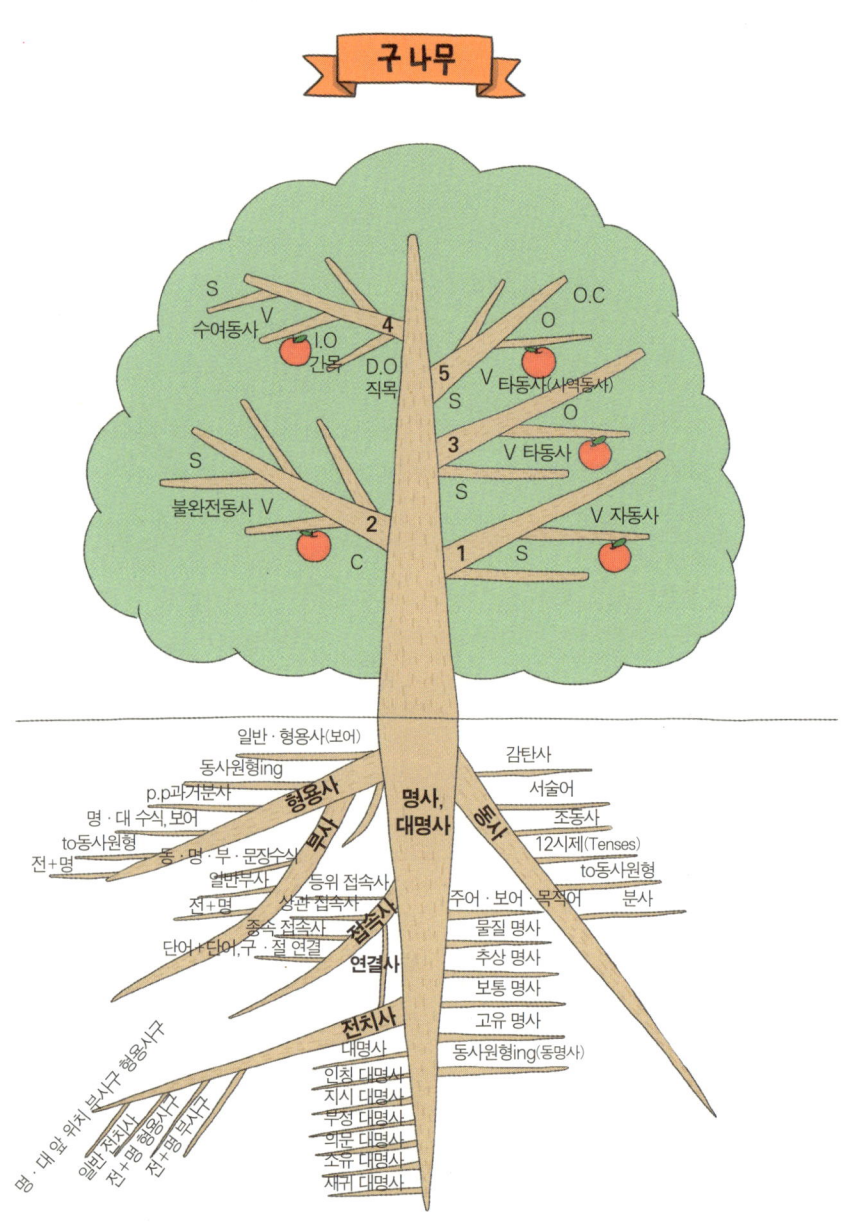

았다.

"눈썰미가 보통이 아니군요. 잘 찾으셨습니다. 구는 두 개 이상의 단어가 모여서 하나의 품사와 같은 구실을 하는 것을 말합니다. '주어+동사'가 1형식을 이루는 방법을 예로 들어볼까요?"

그러면서 진 원장은 화이트보드에 이렇게 썼다.

I am.

I am in the bathroom.

"두 문장 모두 1형식인데, 아래 문장이 조금 더 구체적이죠. 주어가 어디에 있는지 장소를 나타내는 부사구를 사용해서 명확하게 나타냈습니다. 단순히 주어+동사만이 아니라 다양한 구의 형태가 결합하여 1형식을 이룰 수 있음을 알 수 있지요."

진 원장의 말처럼 두 번째 단계의 Magic Tree Grammar는 같은 5형식이지만 한층 성숙한 나무의 모습을 하고 있었다.

같은 개념으로 세 번째 나무를 살펴보니 '구' 대신 '절'이라고 적혀 있었다. 절이 문장의 일부분으로 주어+동사의 관계를 가지고 있는 어군이라는 사실만 알고 있으면 특별히 설명하지 않아도 이해가 되는 내용이었다.

그동안 문법을 공부하면서도 전체적인 구조를 머리에 담아둔 적

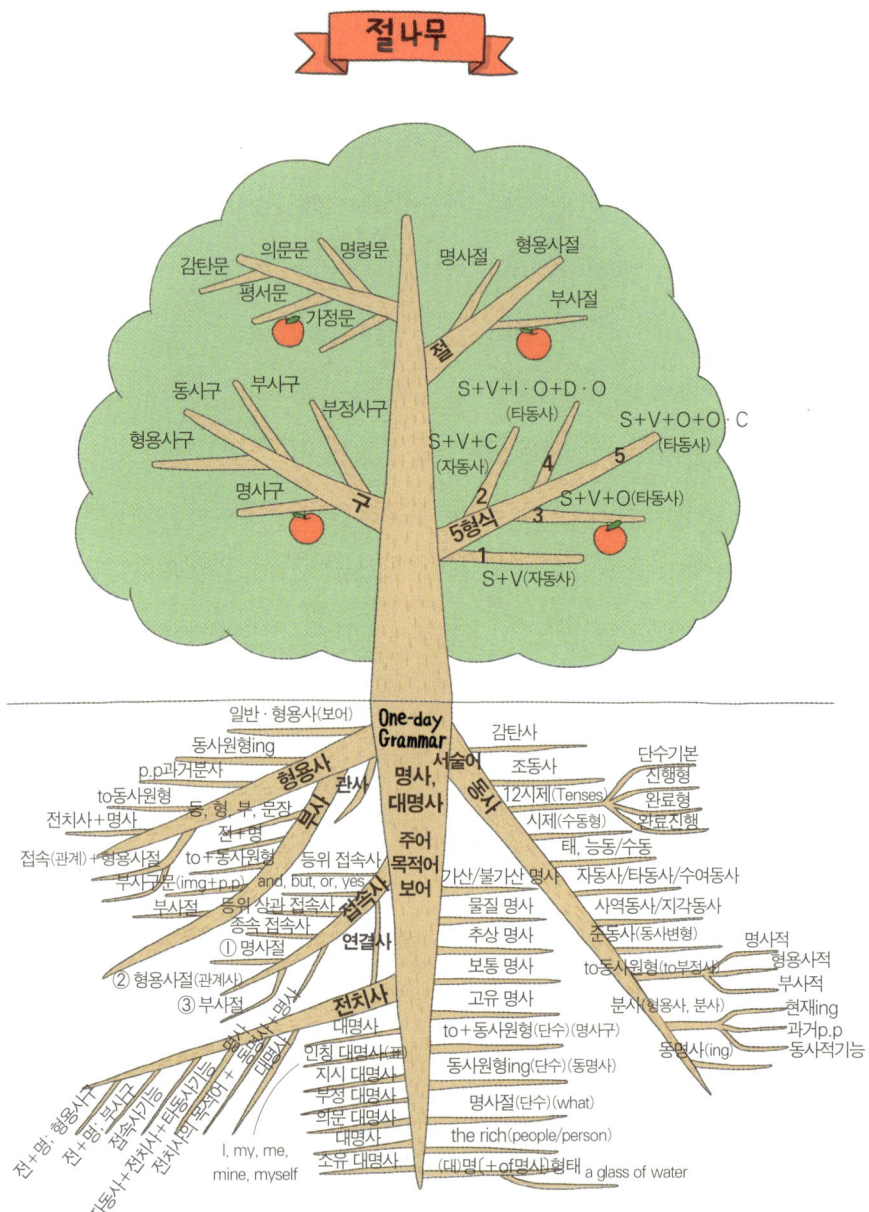

158 | 영어는 기술이다

이 없었던 소원이는 단지 나무 세 그루만 가지고 문법의 기본적인 개념을 정리할 수 있다는 사실이 신기했다.

"그럼, 여기 있는 잔뿌리들에는 어떤 의미가 있나요?"

소원 엄마는 연신 고개를 끄덕이다가 뿌리 부분을 가리키며 질문했다.

"품사를 더 세부적으로 설명한 것이죠. 예를 들어 명사라는 뿌리의 잔뿌리를 보시면 고유명사, 물질명사, 보통명사 등이 적혀 있죠?"

진 원장의 설명이 끝나자마자 소원 엄마는 손뼉을 치며 말했다.

"그렇군요! 뭐라고 정확하게 설명하진 못하겠지만, 품사와 문장 구조의 관계가 확 잡히는 느낌이네요."

이제 소원이보다 엄마가 더 적극적이었다. 진 원장과 폴 코치는 미소를 지으며 One-day Magic Tree Grammar라고 적혀 있는 자료를 보여주었다. 품사의 종류와 품사가 문장에서 갖는 역할, 문장의 형식과 구·절과의 관계가 A4 용지 한 장에 정리되어 있었다.

"이 한 장으로 문법의 기본적인 개념은 다 배운 셈입니다. 반드시 명심해야 할 것은 우리는 시험을 위한 문법이 아니라 언어 구사를 위한 문법을 익히는 것이 1차 목적이라는 점이에요. 이 1차 목적에 충실해야만 글쓰기를 위한 문법의 틀이 잡히게 됩니다. 익히는 과정은 단어와 유사합니다. 먼저, 머릿속에 Magic Tree Grammar를 연상하며 큰 소리로 한 번 읽습니다."

소원이와 엄마는 머릿속에 나무 모양을 그려보았다.

"보통은 문법을 배우는 동안, 그것을 배우는 핵심이 말을 하고 쓰기 위한 것이었다는 사실을 잊어버립니다. 그리고 문법을 너무나 세부적으로 나누어서 배우다 보니, 한두 달 지나면 뭘 배웠는지 기억도 나지 않습니다. 그래서 늘 문법책의 첫 단원만 공부한 흔적이 있고 뒤로 갈수록 깨끗하죠. 뒷부분은 한 번도 들춰보지 않았다는 얘깁니다."

"정말 그래요!"

소원이와 엄마가 합창이라도 하듯 반응했다.

"하하. 이해가 되시나 봅니다. 하여튼, 여기 한 장짜리 One-day Magic Tree Grammar는 문법의 골격을 머릿속에 각인하도록 도와줄 것입니다. 한글을 표현할 때 머릿속에서 문법을 생각하지 않고 말이 나오듯, 영어가 그렇게 되도록 도와줄 겁니다. One-day Magic Tree Grammar의 lab-time은 5분입니다. 5분이면 충분합니다."

소원이와 엄마는 영어를 할 수 있다는 자신감에 조금씩 흥분하고 있었다. 진 원장과 폴 코치는 즐거워하는 두 사람을 보며 흐뭇해했다.

반복을 넘어 익힘으로

"그럼, 다음은 뭘 배워야 하나요?"

소원이가 점점 적극적으로 변했다. 영어가 쉬워질 것만 같은 기분이 자꾸 들었기 때문이다.

"자, 그럼 이번에는 제가 도와드리지요."

폴 코치가 생활영어 책을 보여주면서 말했다.

"생활영어 책은 초·중·고급으로 나뉘어 있어요. 초급 300문장, 중급 300문장, 고급 400문장으로 구성되어 있습니다. 그래서 총 1000문장입니다. 어떤 레벨을 선택하든 시간은 10분으로 동일합니다."

초급을 선택해도 300문장이다. 그런데 그 많은 문장을 10분 만에 읽어야 한다. 머릿속이 다시금 복잡해진 두 사람을 보면서 폴 코치가 조금 누그러진 목소리로 설명을 이었다.

"물론 10분 동안에 300~400문장을 읽어내려면 엄청나게 바쁘겠죠. 하지만 너무 걱정하진 마세요. 'Hi.'나 'Good bye.', 'See you again.' 같이 짧은 문장도 있으니까요. 여기서도 다시 강조하지만, 절대로 외우려고 하지 마세요. 읽는 속도를 높여서 일정 시간에 도달할 수 있도록 하는 게 가장 중요합니다."

소원이와 엄마도 시간과 속도가 얼마나 중요한지는 실감이 나지는 않았지만 그 표현에 익숙해지기 시작했다.

"그리고 자기 수준에 맞는 영어 도서 한 권을 5분 만에 읽는 연습을 합니다. 미국 초등 저학년 아이들이 보는 영어 도서 수준이면 충분합니다. 한국의 중학교 교과서도 괜찮습니다."

폴 코치는 물 한 모금을 마시고 말을 이어갔다.

"그리고 마지막으로 자기만의 1000문장 쓰기 노트가 있습니다. 매일 훈련하고 나서 머릿속에 남아 있는 문장들을 적어봅니다. 10분 정도 시간을 가지고 큰 소리로 말하면서 적어보는 거지요. 아주 간단하지요?"

전체적으로 어렵게 느껴지는 과정은 없는 듯했다. 그냥 하기만 하면 되는 상황처럼 보였다.

"영어를 배우는 것은 이제 모두 끝났습니다. 마지막으로 총정리를 해볼까요? One-day English는 각 영역을 처음부터 끝까지 빠른

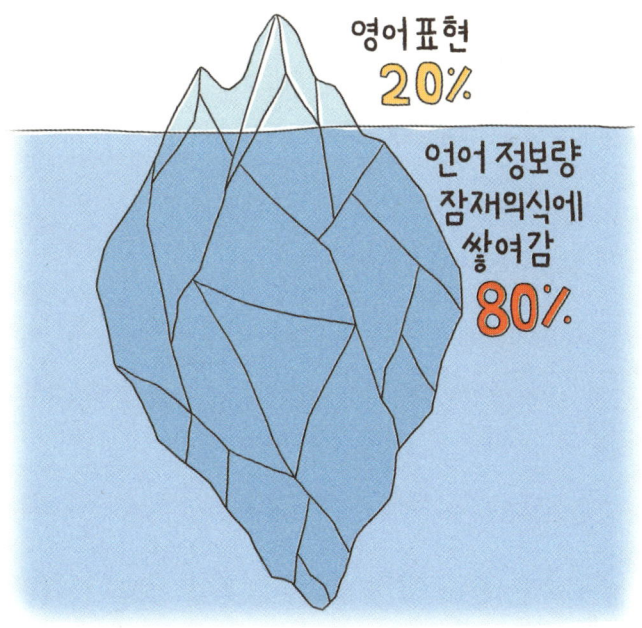

속도로 큰 소리로 읽되, 한 시간 안에 한다는 것입니다. 전체적인 시간 분배는 단어 30분, 문법 5분, 생활영어 10분, 영어 도서 5분, 자기만의 1000문장 쓰기 10분으로 구성됩니다. 단어, One-day Magic Tree Grammar, 생활영어가 빨라지기 시작하면 서로에게 시너지 효과가 발생합니다. 단어가 문법에, 문법이 문장에 영향을 미치고 문장이 다시 단어에 영향을 미치게 되지요. 이런 과정에서 말하기 능력이 향상됩니다. 또 폭풍처럼 말하기 시작하면서 말하기가 글쓰기로 전이되는 현상이 생깁니다. 빙산의 일각이라는 말처럼 한 시간이라는 정해진 시간에 빠른 속도로 이 모든 것을 훈련하다 보면 자기도 모르는 새에 의사소통 능력을 발휘하게 됩니다. 하지만 이런 의사소통 능력은 지극히 일부에 지나지 않습니다. 더 많은 언어적 자원이 무의식에 자리를 잡기 때문이죠."

One-day English의 모든 설명이 끝나자, 소원이와 엄마는 각자가 선택한 교재를 다시 한 번 살펴봤다. 소원이는 중학 단어, One-day Magic Tree Grammar, 생활영어 중급, 영어 도서, 자기만의 1000문장 노트를 선택했다. 소원 엄마는 초등 단어, 생활영어 초급, 영어 도서, One-day Magic Tree Grammar, 자기만의 1000문장 노트로 정했다.

"영어 배우기가 정말 이렇게 하루면 되는군요. 영어를 언어로 생각하니 가능하다는 생각이 들었어요. 많이 도와주세요."

소원이의 적극적인 모습에 엄마는 절로 미소가 지어졌다.

"자, 그럼 내일부터 시작해봅시다. 파이팅입니다."

"네!"

소원이와 엄마는 기대감을 가지고 집으로 향했다.

넷째 마당:
빠른 속도로, 큰 소리로

야속한 스톱워치

식사를 마치자 엄마는 식탁에, 소원이는 거실 책상에 앉아서 각자 영어 교재를 펼쳐놓고 시간 잴 준비를 했다. 소원 아빠는 소파에 앉아서 이 뜬금없는 모녀의 행동을 멀뚱멀뚱 바라보았다.

소원이가 먼저 스톱워치를 누르고 중학 단어를 읽기 시작했다. 동시에 엄마는 초등 단어를 읽기 시작했다. 아빠는 이쪽 저쪽을 쳐다보며 이게 무슨 일인가 하는 표정이었다. 그쪽으로는 눈길도 주지 않고 두 사람은 교재 읽기만 계속했다.

한 시간 남짓 되자, 엄마는 목이 아픈지 잠시 멈추고는 소원이 쪽을 힐끔 보았다. 소원이는 여전히 큰 소리로 읽고 있었다. 엄마는 급하게 물 한 모금을 마신 뒤 다시 읽어나갔다. 소원이도 목이 아파오기 시작했다. 하지만 물을 마시러 갈 상황이 아니었다. 생각보다 시간이 더 걸리는 듯해서 조바심이 났다.

한 시간 반쯤 지나자, 엄마가 단어 읽기를 마쳤다. 기록지에 걸린 시간을 기록했다. 그리고 소원이에게 물병을 갖다 주었다. 소원이는 기다렸다는 듯이 급하게 물을 한 모금 마시고는 계속 읽었다. 2시간 30분 정도가 지나자, 끝이 보이기 시작했다. 마지막 두 장을 남기고 다시 목이 말랐다. 급하게 물을 마시고 다시 읽기 시작했다. 2시간 33분이라는 기록이 나왔다. 아쉬워하는 소원일 보며 엄마가 다가가 등을 두드려주었다.

"이거 생각보다 힘든걸? 2시간은 안 걸릴 거라고 생각했는데…"

"아유, 말도 마라. 나는 겨우 800단어인데도 1시간 31분이나 걸렸어."

"정말이지 이제 이해가 가. 코칭센터에서 학생들이 왜 물컵을 옆에 갖다 두고 읽기를 시작했는지."

둘은 자기들만 알아듣는 말을 하고 있었다.

"도대체 뭘 하는 거야. 외우는 것도 아니고 그렇다고 장난을 하는 것도 아닌 것 같은데…"

아빠는 여전히 모르겠다는 표정이었다.

"영어 하고 있잖아요. 목이 터지라고 말이죠."

모녀는 웃기만 했다.

"엄마, 나 내일은 20분에서 30분 정도 당겨볼 거야. 안 외우니까 부담이 없어서 좋긴 하네."

"엄마도 내일은 오늘 기록을 깨야겠다."

외운 건 하나도 없었지만 왠지 뿌듯했다.

콩나물 길러보셨죠?

며칠이 지났다. 저녁 늦은 시간이었지만, 소원이와 엄마는 영어 교재를 가지고 코칭센터로 향했다. 실제 해보니 궁금한 것이 많아서 참을 수가 없었다. 코칭센터에서는 어르신들의 웅얼거리는 소리가 요란했다. 30명이 넘는 할머니, 할아버지들이 베이직 단어를 큰 소리로 쉴 새 없이 읽어가고 있었다. 그런데 놀랍게도 30분 만에 800단어를 읽었다. 그것도 10여 분은 단어를 보지 않고 발음하고 있었다. 소원 엄마는 할 말을 잃었다.

"진 원장님, 저분들은 얼마나 훈련하신 건가요?"

"어르신들이 하고 싶다고 오셔서 시작하신 지 45일 정도 됩니다."

"아, 그렇군요. 45일이라…"

진 원장이 두 사람을 상담실로 안내했다.

"막상 해보니 어떤가요?"

"시작한 지 일주일 정도 됐네요. 처음 할 때보다 시간이 조금씩 단축되기는 하는데, 이게 정말 머릿속에 남아 있을지 걱정이 되어서 이렇게 왔어요. 근데 좀 전에 어르신들 중에 단어를 보지 않고 그렇게 빨리 발음하시는 것을 보고 안심이 되기는 하네요. 어떻게 그럴 수 있는지 신기하긴 하지만…"

"어머님, 혹시 집에서 콩나물을 길러본 적 있으신가요?"

"물론이죠. 예전에는 직접 길러 먹었어요."

"콩나물 기르는 게 어려운가요?"

"아뇨, 전혀 어렵지 않아요. 실내에 놓고 물만 자주 부어주면 알아서 자랍니다."

"물이 술술 흘러내리는데, 콩나물은 어떻게 자라는 걸까요?"

"그거야…. 음, 거기까지는 생각해보질 못했네요."

"콩나물에 물을 부으면 그냥 흘러내리는 것 같지만, 성장하고 있다는 것을 경험으로 아는 것처럼 언어도 마찬가지입니다. 외우지 않고 계속 흘려보내는 것 같지만 무의식에 차곡차곡 쌓이면서 어느 임계점을 넘어서면 의식으로 폭발하게 되지요."

실생활의 예를 들어 설명하자, 쉽게 이해가 되었다.

"일반적인 학습의 원리를 이야기해볼까요? 복습을 말할 때면 늘

넷째 마당: 빠른 속도로, 큰 소리로

나오는 이론이 있습니다. 바로 '에빙하우스의 망각곡선'이라는 건데요. 이 이론에 따르면 학습한 후부터 바로 망각을 시작하기 때문에 5분, 당일, 일주일, 한 달이라는 기준을 가지고 반복해야 장기기억으로 넘어간다고 하죠. 반복을 강조한 것입니다. 이 정도는 영어를 아는 수준의 레벨로 만들 수 있을 것입니다. 그렇지만 저는 영어가 기술이라고 생각합니다. 기술은 이론을 외우는 게 중요한 것이 아니라 실제 현장에서 능력으로 발휘되어야 하죠. One-day English에서 자연스럽게 진행되는 게 하루 단위로 처음부터 끝까지 반복한다는 것이죠. 에빙하우스 이론에 따르면 한 달을 기준으로 네 번을 외우면 장기기억에 저장된다고 하는데, One-day English는 한 달을 기준으로 단어를 120번 반복하는 셈이죠."

진 원장이 잠시만 기다리라고 하더니 서랍에서 종이 한 장을 꺼내 앞으로 내밀었다. 언뜻 봐도 뇌 사진임을 알 수 있었다.

"여기서 반드시 알아두어야 할 것이 수면 상태에서 해마(hippocampus)가 하는 역할입니다. 바로 이 해마가 단기기억을 장기기억으로 넘기는 역할을 하죠. 그렇다면 단기기억이 장기기억으로 저장되는 기준이 있겠지요?"

"하긴 모든 기억을 저장할 수는 없으니까요."

소원 엄마가 맞장구를 쳤다.

"그 조건은 크게 두 가지입니다. 하나는 일상적인 경험이 아닌 색

다른 경험을 했을 때입니다. 친한 친구와 싸웠거나, 새로운 깨달음을 얻었거나, 혹은 연인끼리 청혼을 했거나 이별을 하는 경우들이 그렇습니다. 이런 경우는 비슷한 사람이나 환경만 만나도 쉽게 과거의 기억이 떠오르죠."

"그 경험이 해마를 자극한 건가요?"

소원이가 묻자 진 원장이 크게 고개를 끄덕였다.

"맞아요, 바로 그거예요. 나머지 조건은 여러 번 반복적으로 자극을 받는 것입니다. 뇌는 뉴런이라는 신경세포로 이루어져 있고 정보나 기억은 그 신경세포들이 전달하는 전기, 그러니까 화학적 신호입니다. 이 신경세포들의 연결부위를 시냅스라고 하는데 자극이 반복되면 수상돌기들이 반응해서 시냅스 연결이 더욱 광범위해지

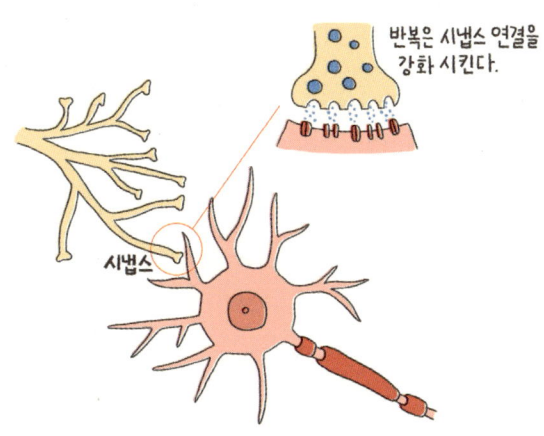

는 시너지 효과가 생깁니다. 그러면 특정 기억회로의 효율이 극대화 되죠. 이런 자극을 해마는 장기기억으로 넘기게 됩니다. One-day English 훈련은 후자에 가까운 방식입니다. 외우려고 하지 않는데도 외워지는 과정을 만들어준다고 보시면 됩니다."

 소원이와 엄마는 과학적인 설명에 하나의 의문이 풀렸다.

속도에 숨은 비밀

B "그렇다면 반복만 해주면 되는데, 왜 빠른 속도로 해야 하나요?"

소원이의 질문이었다.

"역시 경험은 새로운 의문과 호기심을 자극하는 것 같군요. 소원양이 아주 중요한 부분을 언급했어요. 세상의 속도에 맞춰 살다 보면 중요한 것을 잃어버리는 경우가 많지만, 기술을 훈련하는 과정에서는 속도가 아주 중요한 요소입니다. 기술을 연마하는 곳에는 늘 기록이 따라다닙니다. 특히 스포츠에서 기록을 깨는 것은 기술의 완성도를 높이는 것과 같은 의미가 있습니다. 영어를 기술이라고 볼 때 큰 소리로 읽는 것과 속도가 가지는 의미를 세 가지로 볼 수 있어요."

진 원장은 오른손을 내밀더니 엄지손가락을 접으며 또박또박 말했다.

"첫째, 속도는 뇌를 활성화시킵니다. 노벨평화상을 받은 가와시마 류타라는 의학박사가 있어요. 그의 뇌 활성화 실험결과에 따르면 모국어보다 외국어를 묵독해서 읽을 때 뇌가 활성화되며, 묵독해서 읽을 때보다 소리 내서 빠른 속도로 읽을 때 전 뇌가 활성화된다고 합니다. 뇌가 활성화되면 암기력이 좋아진다는 점도 있지만, 그것보다는 의식과 무의식을 넘나들 수 있게 된다는 사실이 더 중요합니다. 무의식에서 학습이 이루어진다는 것이 핵심입니다. 외우지 않았지만 빠른 속도로 반복해서 읽을 때 뇌는 이미 무의식에서 모든 것을 기억하고 있다는 것이죠. 몸도 가누지 못할 정도로 취한 사람이 아침에 깨보니 집이더라면서 어떻게 왔는지는 모르겠다고 하는 경우가 많죠. 의식에서 반복된 행동이나 말들을 무의식에서 기억하고 있기 때문에 그런 일들이 일어나는 겁니다. 큰 소리로 빠르게 읽다 보면 어느 순간 의식을 넘어 무의식으로 넘어가게 되죠. 이를 우리는 '습(習) 시너지 효과의 실현'이라고 부르는데, 아마 후에 따로 설명드릴 기회가 있을 겁니다."

단순히 빠르다는 것만 생각했지 속도에 그렇게 큰 의미가 있으리라고는 짐작도 못 했던 소원이에게 진 원장의 설명은 무척 흥미로운 것이었다. 진 원장이 두 번째 손가락을 접으며 말을 이었다.

"둘째, 속도는 몰입하게 합니다. 몰입에 이르는 과정은 다양합니다. 《몰입》의 저자 황농문 교수는 수학 문제를 스스로 해결해가는 과정을 통해 몰입을 경험하게 한 사례도 있습니다. 저는 속도를 통한 몰입을 강조하고 싶습니다. '$E=MC^2$'이라는 아인슈타인의 에너지 공식, 아시죠? 이를 다시 풀면 '몰입에너지(E)는 학습량(M)과 비례하고 속도(C)의 제곱에 비례한다'는 말입니다. 단, 전제조건은 시간이 제한된다는 것입니다. 일반적으로는 학습량과 몰입에너지의 비례관계가 성립하지 않아요. 하지만 몰입에너지가 발생한 경우를 살펴보면 무슨 의미인지 이해가 될 겁니다. 예를 들어, 수학 문제를 많이 풀수록 맛있는 아이스크림을 많이 먹을 수 있다고 생각해봅시다. 그럼 소원 양은 어떻게 할 것 같아요?"

소원이는 주저 없이 대답했다.

"당연히 최대한 빨리 많은 문제를 풀고 아이스크림을 먹으려고 하겠죠."

"맞습니다. 그래서 학습량과 몰입에너지가 비례할 수 있다고 한 겁니다. 이해가 되시죠? 이보다 더 중요한 요소가 있습니다. 몰입에너지는 속도의 제곱에 비례한다는 사실입니다. 학습의 속도를 높이면 그 제곱만큼 몰입에너지가 발생한다고 해석할 수 있습니다. 이런 현상은 심심치 않게 볼 수 있죠. 2014년 소치 동계올림픽에서 이상화

선수의 스피드를 생각해보세요. 속도를 높이기 위해서 극한의 몰입을 이끌어내는 모습을 보셨을 겁니다. 또 '생활의 달인'들을 보더라도 요리사가 양파를 자르는 속도를 보시면 느낌이 오실 겁니다. 빠른 속도에도 잘린 양파의 두께는 일정합니다. 엄청난 몰입이죠. 우리가 일정 시간에 빠른 속도로 영어를 큰 소리로 읽는 것은 뇌를 활성화하여 무의식의 언어 습득이라는 몰입을 이끌어내는 것입니다."

소원이와 엄마는 자세한 설명을 듣고 나니 더욱 확신이 생겼다.

"그럼, 세 번째 의미는 무언인가요? 앞의 두 가지보다 더 놀라운 것인가요?"

소원 엄마가 웃으면 물었다. 진 원장도 웃으면서 일어섰다. 그리고 화이트보드에 이렇게 썼다.

習

"마지막으로 속도는 '習'입니다. '익힐 습' 자죠. 어머님께 전에 자전거 타는 방법을 알려드렸죠?"

"네."

"그동안 자전거를 타보셨나요?"

"네. 이제는 어느 정도 탑니다."

소원 엄마는 웃으면 말했다.

"자전거를 처음 탈 때는 페달 굴리는 것조차 어려웠겠지만, 지금은 자연스럽게 하실 수 있을 거예요. 자전거 속도도 점점 더 올라가겠죠. 속도는 올라가지만, 행동은 더 자연스러워질 겁니다. 처음에는 페달을 밟은 발이나 앞만 보고 운전을 했겠지만, 지금은 그런 건 쳐다보지도 않고 주변 구경도 하며 타시겠죠. 자전거뿐만이 아니라 자동차 운전을 하는 것도 그렇습니다. 왜 이런 현상이 발생할까요?"

"늘 하던 거라 그렇지 않을까요?"

"정답입니다. 그리고 또 다른 요소가 있어요. 대한민국이 빠른 시간에 문자 보내기 세계 1위라고 합니다. 그 이유가 뭘까요?"

"문자를 워낙 많이 주고받으니까요."

"물론 그것도 적잖은 이유가 됩니다. 하지만 더 근본적인 이유가 있어요. 세계적으로 대한민국 사람들이 쇠젓가락을 가장 많이 사용합니다. 젓가락을 사용하는 나라가 우리만이 아니고 중국과 일본도 있죠. 하지만 중국과 일본은 나무젓가락을 사용합니다. 조상 대대로 쇠젓가락질을 익혀온 우리의 적수가 되지 못하죠. 전통적으로 finger sensitive가 발달한 나라는 한국밖에 없다는 겁니다. 외워지고 속도가 올라가는 과정이 반복이지만, 반복을 넘어서 익힘의 단계가 되어야 비로소 속도의 한계에서 벗어날 수 있습니다. 우리는 정상적인 사람이 일상적인 언어를 사용할 때 생각과 말의 시간차를 거의 느끼지 못합니다. 생각과 말이 하나라고 느끼죠. 그래서 반복과 익힘의 중간에 속도가 있는 겁니다. 반복을 통해서 속도를 높이고, 속도를 통해서 익힘을 이끌어내는 것이죠. 두 분이 단어 읽기를 반복하면서 점점 속도가 올라간다는 것은 익힘의 단계를 향해 한 발자국씩 다가서고 있다는 증거입니다. 그렇게 익혀진 모든 언어는 순식간에 입에서 튀어나옵니다."

"아, 정말 그렇군요. 이렇게 쉬운 것을 늘 어렵게 배우려고만 했네요. 이제 확실히 알 것 같아요. 왜 영어가 기술이며 속도가 그토록 중요한지."

소원 엄마는 이런 소원이 모습을 보면서 깜짝깜짝 놀라곤 했다. 좀처럼 의견을 말하지 않는 아이라 생각했는데, 자신감이 생겨서인지 지금은 자기 생각을 스스럼없이 털어놓곤 한다. 영어 실력이 느는 것과 별개로 소원 엄마는 이 점도 기쁘기 한이 없다.

"다행입니다. 영어는 기술이기 때문에 가르치는 선생님보다는 코치가 필요합니다. 코치는 단계별로 스스로 할 수 있도록 독려하고 익힐 수 있도록 이끌어주는 사람이지요. 그러므로 코치는 선생님처럼 영어를 잘할 필요가 전혀 없어요. 김연아 옆에 세계 최고의 피겨 스케이터가 지도를 하거나 그 존재가 선생님의 자격으로 있는 것이 아닌 것과 같은 맥락입니다."

"아하, 그래서 여기 이름이 코칭센터군요. 처음 봤을 때부터 왜 학원이라고 하지 않나 내심 궁금했어요."

"속도를 올릴 이유와 의미를 확실히 알았으니 오늘부터는 기록이 훨씬 빨라질 것 같아요. 감사합니다, 원장님."

소원이와 엄마는 이구동성으로 답했다. 특히 소원이는 무척 행복했다. 영어를 익히는 것이 이렇게 즐거울 수 있다니, 어렸을 적 행복을 되찾은 듯했다.

영어는 기술이다

동장군이 마지막 기승을 부리는지 막바지 겨울바람이 매서웠다. 소원이에게는 영어의 기승이 겨울만큼이나 매서웠는지 쉽게 봄기운이 느껴지지 않았다.

"소원아, 넌 어떠니? 엄마는 생각보다 속도가 빨라지지 않는 것 같아. 내가 영어를 너무 오래 안 한 것이 문제인가 보다. 코칭센터에서 설명을 들을 때는 금방 될 것 같았는데…"

"실은 엄마, 나도 이상하게 속도가 나질 않아. 이론과 실제가 다른 게 아닐까 하는 생각도 들어. 근데, 코칭센터에서 본 어르신들 생각하면 그건 아닌 것 같고…. 아, 영어에 희망이 생기나 했는데…. 모르겠어."

소원이도 한숨을 쉬었다. 그 사이 엄마는 답답했는지 코칭센터에 전화를 걸었다.

"안녕하세요. 코칭센터 폴 코치입니다."

"안녕하세요, 코치님. 이소원 엄마입니다. 혹시 원장님 통화할 수 있을까요?"

"지금 상담 중이신데, 무슨 급한 일이라도 있으세요?"

소원 엄마는 자신과 소원이의 답보 상태에 대해 설명했다.

"음…, 그러시군요. 잠시 소원 양 좀 바꿔주시겠습니까?"

잠시 후 소원이의 목소리가 들려왔다.

"소원 양, 생각보다 속도가 올라가지 않는다고 들었어요. 마음 편하게 갖고 내 이야기를 한번 들어보세요."

"네…."

"먼저, 현재 중등 1500단어를 선택했는데 이 선택을 다시 한 번 생각해보는 게 좋아요. 자신이 언어를 구사할 수 있을 만한 레벨과 영어를 알고 있는 레벨에서 오는 일종의 정체 현상이라고 보면 됩니다. 아무리 쉬워 보이는 기술이라도 몸에 익혀지지 않으면 다음 단계의 기술을 익히기가 어렵답니다. 쉬운 단계의 기술을 건너뛰고 다음 단계 기술을 훈련하다가는 어디에선가 반드시 부족함을 느끼게 되죠. 이런 경우는 처음으로 돌아가서 다시 시작하는 게 훨씬 빨리 가는 길이죠. 언어에서도 마찬가지예요. 쉬운 단어들이 뇌와 입 근육에서 익혀지면 그 언어 구사력이 더 어려운 어휘도 쉽게 받아들이게 하는 힘이 되죠. 어린아이들을 보면, 몇 단어 되지 않는 걸 가지고도 의사 표현은 다 하잖아요?"

"네. 아이들은 영어라는 언어에 별로 구속받지 않는 것 같아요."

"그 아이들을 잘 보면 어느 순간 언어 구사력이 폭발적으로 늘어 납니다. 이런 현상의 비밀은 바로 발음에 있어요. 자음과 모음, 이중 모음 혹은 두 개 이상의 스펠링이 모여서 만들어지는 발음이 폭발적 언어 구사력의 원동력이죠. 그런데 사람들은 스펠링의 조합으로 발생하는 발음의 원칙을 제대로 익히려고 하지 않아요."

"코치님, 쉽게 예를 들어서 설명해주시면 좋겠어요."

"그럴까요? 예를 들면 'or, ore, oar, our' 스펠링의 조합은 [ːr]이라고 읽어야 하죠. 'sport, store, board, four'라는 단어들을 보면 모두가 [ːr] 발음이 나잖아요? 이해됐어요, 소원 양?"

"네. 발음기호를 설명하신 거지요?"

"맞아요. 소원 양도 이미 모두 배웠을 거예요. 스펠링의 조합으로 발생하는 이와 같은 발음의 원칙을 이해하고 훈련해서 익혀두어야 해요. 흔히 초·중급 단어는 잘 알고 있으므로 쉽게 해낼 거라고 생각하지만, 기본적인 발음이 충분하게 훈련되어 있지 않으면 가속도가 붙지 않아요. 기본적인 발음의 원칙을 익히고 쉬운 단어로 속도를 높인 경험을 하고 나면 그 과정에서 언어 구사력이 상당히 높아지죠. 그런 후에는 다음 단계로 넘어가도 쉽게 해낼 수 있어요. 이 얘기도 이해가 되나요?"

"네. 발음기호를 알고는 있지만 크게 신경 쓰지 않았는데…. 발음기호를 충분히 익히고 초·중급으로 순차적으로 진행해볼게요. 역시 뭐든지 기초가 중요하네요. 무슨 말씀인지 알겠어요. 다시 해볼게요. 그리고 이해가 되지 않거나 모르겠으면 내일 들를게요."

"그래요. 언제든지 환영입니다."

서로 인사를 나누고 통화를 마쳤다. 소원이는 폴 코치의 말을 되새기며 발음기호들을 유심히 살펴보기 시작했다. 각 스펠링의 음가는 알겠는데, 두 개 이상의 스펠링이 모여서 발음되는 경우는 많이 헷갈렸다.

발음기호라는 장애물

다음 날, 오후 늦게 소원이와 엄마는 코칭센터를 방문했다.

"어제 하셨던 이야기를 조금만 더 해주세요."

폴 코치는 어제 했던 이야기부터 차근차근 다시 설명해주었다. 그 모습을 진 원장도 관심 있게 지켜보았다.

"두 분이 많이 힘들었을 것 같네요. 뭔가 가능성을 보고 훈련을 해봤는데, 뜻대로 되지 않고 정체된 느낌이 들었을 겁니다. 여기 발음기호 자료를 보도록 하죠. 한국에서 영어 공부를 하면서 스펠링마다 발음이 어떻게 나는지 신경 쓰면서 훈련하는 사람은 많지 않죠. 몇 가지 원칙을 이해하고 그 원칙들을 입 근육이 정확하게, 그리고 순식간에 발음할 수 있도록 익혀야 합니다. 그 힘이 속도의 원천이 됩니다. 이걸 한번 보시죠."

폴 코치가 스테플러로 철해진 종이를 내밀었다.

스펠링	발음기호	예시 단어
o	[ou]	home(houm)
oa		coat(kout)
ow		bowl(boul)
air	[εər]	hair(hεər)
are		hare(hεər)
ph, gh, f	[f]	phone(foun) tough(tʌf) golf(gɔlf)
j, g, dg	[dʒ]	judge(dʒʌdʒ) manage(maenidʒ) bridge(bridʒ)

소원이와 엄마는 발음기호 자료를 유심히 살펴보았다. 두 개 이상의 음가를 가진 스펠링 무리가 꽤 있었다. 또 같은 발음을 내는 스펠링의 조합도 여럿이었다. 그렇게 구성된 발음기호 자료가 4페이지나 됐다.

"이 발음기호 자료가 5분 안에 입에서 술술 나오도록 해보세요. 그런 다음 초·중급 단어를 읽어보면 제 말의 의미를 실감하게 될 겁니다."

"저희는 나름대로 쉽게 시작한다고 초·중급 단어를 선택한 건데, 그것조차도 큰 모험이었구나 싶네요."

"엄마, 그래도 덕분에 중요한 사실을 알았잖아. 차라리 마음이 더 편해졌어."

소원 엄마는 소원이가 기죽지 않고 다시 도전하는 모습이 좋았다. 예전 같으면 짜증을 부리거나 화를 냈을 법도 한데 전혀 그렇지 않았다.

"돌아가는 것이 결코 늦은 길이 아닐 겁니다. 20~30년간 영어 공부를 했지만 영어와 담을 쌓고 살아가는 사람이 얼마나 많습니까? 그래서 영어만 보면 치를 떨 정도로 싫어합니다. 우리는 어릴 적에 언어를 배우는 아주 기본적인 방법을 스스로 익혔어요. 하지만 영어는 외국어니까 뭔가 다른 방법이 있을 거라고 생각하며 힘들게 배우게 되었지요. 또 그런 방법들로 영어를 곧잘 하는 분들이 생기니 정말 그렇게 공부해야 하는 줄로 여기기도 했죠. 영어를 사용하는 환경이 아니므로 모국어처럼 배우면 안 된다고 생각한 거죠. 하지만 영어 역시 언어인 이상 방법이 다를 리 없는 겁니다. 단지 그 안에 시간과 속도의 개념을 통해서 임계점을 만들어주면 된다는 사실을 몰랐을 뿐입니다. 시간과 속도가 너무 늘어지면 임계점을 찾기도 어렵거니와, 망각곡선의 영향으로 영어 뇌 시냅스가 형성되지 못하게 됩니다. 이 점을 다시 한 번 생각하고 시작해보세요."

진 원장의 설명과 격려에 모녀는 다시 마음이 가벼워졌다. 소원이는 진 원장과 폴 코치한테는 영어와 관련한 어떤 고민도 주저 없이 털어놓을 수 있다는 게 너무나 신기했다. 마치 아이들이 엄마를 보면 시시콜콜 자기 이야기를 하고 싶어서 안달하는 모습처럼 느껴지기도 했다.

소원이와 엄마는 코칭센터에서 나와서 걷기 시작했다. 밤하늘의 별이 유난히 선명했다. 엄마 손을 잡고 밤하늘의 별을 보자, 소원이는 옛 추억이 어렴풋이 떠올랐다.

"엄마, 내가 초등학교 1학년 때 정동진 해돋이를 보면서 했던 말 기억나?"

"그럼, 기억하지. 바다 위로 떠오른 해를 보며 '이 해님은 집에서 보는 해님과 다른 거야?' 하고 물었지."

"그때 아빠가 '같은 해님이야. 근데, 우리가 보는 장소가 달라서 다른 해님으로 보일 수는 있겠다'라고 했었지. 그때는 어려서 잘 몰랐는데, 오늘 두 분의 이야기를 들으면서 관점이란 늘 같았던 것이 다르게 보인다는 것이 아닐까 하는 생각을 했어. 나에게 영어는 늘 두려운 존재였고 공포의 대상이었는데, 영어가 친구가 될 수 있겠다는 생각이 들더라고."

"정말 대단한데? 그런 생각을 다 하고 말이야. 엄마도 이번에 영어를 하면서 소원이의 마음을 많이 이해할 수 있었어. 성적만을 위한 영어가 얼마나 내 딸을 힘들게 만들었는지 알게 됐지. 또 엄마에게도 영어에 대한 트라우마가 있었는데, 그 트라우마를 소원이를 통해서 풀어보려고 했다는 사실을 깨달았지. 그뿐만이 아니야. 이제 정말 나도 영어를 하고 싶다는 간절함도 생겼어."

"우와, 우리 엄마 정말 멋져. 예전에는 영어 때문에 엄마랑 많이 싸웠는데, 요즘엔 영어 덕분에 엄마랑 더 많은 대화를 하게 되는 것 같고 나를 더 발견하게 되는 것 같아서 좋아. 무엇보다도 영어를 해낼 수 있을 것 같다는 자신감도 생겼어."

"맞다. 정말 우리 딸 말이 정답이네, 하하하."

집으로 향하는 모녀의 마음속에도 별이 빛났다.

잠꼬대를 영어로 하다

소원이는 발음기호를 연습한 지 사흘 만에, 엄마는 일주일 만에 5분의 벽을 깼다. 속도 훈련을 한 덕인지 발음기호 훈련은 순식간에 진행되는 듯했다.

소원이는 발음기호 훈련을 하면서 알게 된 사실이 있다.

"엄마, 내가 한글 배울 때 자음과 모음 익히는 연습을 했었지? 아주 어릴 때부터 자음과 모음 차트를 벽에 붙여놓고 수시로 읽었던 기억이 나. 자음과 모음이 익숙해지자 뜻도 모르는 한글 단어를 술술 읽었던 것 같아."

"그랬지. 글자를 읽고 나면 기분이 좋았는지, 몇 번이나 읽고는 뜻을 물어보곤 했지. 어찌나 쫓아다니면서 질문을 퍼붓던지 괴로울 정도였어."

엄마도 소원이의 어린 시절을 떠올리며 함께 웃었다.

"그때 열심히 발음기호를 익혔던 것이 언어를 익히는 데 얼마나 중요한 거였는지 새삼 알 것 같아. 마치 One-day English는 콜럼버스의 달걀 같은 느낌이야."

"콜럼버스의 달걀?"

"아메리카대륙을 발견하고 돌아온 콜럼버스를 시기한 사람들이 많았대. 자신들도 할 수 있는 일이라며 막 깎아내린 거야. 서쪽으로 계속 가는 일이니 누군들 못 하겠느냐는 식으로. 어느 날 콜럼버스가 그들에게 달걀을 주면서 '내가 누군가의 도움을 받지 않고 쉽게 서쪽으로 계속 갔듯이 당신들도 도움을 받지 않고 쉽게 달걀을 세워보시오'라고 했대. 하지만 누구도 달걀을 세우지 못했어. 그러자 콜럼버스가 달걀 아래쪽을 살짝 깬 다음 세웠어. 그걸 보고 사람들이 한마디도 못 하고 돌아갔다는 거야. 이게 영어 배우는 거랑 비슷한 것 같다고. 영어도 모국어를 배울 때처럼 하면 된다는 걸 알지만, 그렇게 하려는 사람이 없었다는 점에서 말이야."

"듣고 보니, 의미가 있네. 우리 딸, 이제는 국어 실력도 좋아지는구나."

엄마가 웃으며 말했다. 소원이는 자신의 어릴 적 언어 습득 과정을 떠올려보고 조카들이 언어를 체득하는 모습들 보면서 더욱 확신을 갖게 되었다.

소원이와 엄마는 발음 훈련의 목표를 달성하자 영어 초등 800단어, 생활영어 300문장, 자기만의 1000문장 쓰기, One-day Magic Tree Grammar를 한 바퀴 순환시키기 시작했다. 역시 효과 만점이었다. 초등 800단어가 발음기호의 영향으로 순식간에 들어오기 시작했다. 시냇물이 물줄기를 따라 자연스럽게 흘러가듯 지체 없이 읽히기 시작하면서 속도도 빨라졌다. 모녀는 속도가 몰입을 이끌어낸다는 사실을 자신들의 경험을 통해서 알 수 있었다. 속도 향상은 집중력을 높여주었고, 집중력은 몰입을 이끌어내는 효과가 있었다. 시간의 흐름이 멈춘 듯 느껴졌고 눈과 귀가 오직 단어와 교재에 집중되면서 마치 비행기가 제트 기류를 타고 목적지를 향해 빠르게 날아가는 듯한 기분을 느낄 수 있었다. 어릴 때 비슷한 경험을 한 적이 있었지만, 중·고등학생 시절을 지내면서 한 번도 겪어보지 못한 일이었다.

"소원아, 요즘 머릿속에서 단어들이 구름처럼 둥둥 떠다닌다. 아빠가 엄마더러 자다가 무슨 잠꼬대를 하느냐고 하더라. 무슨 말인가 했더니 영어를 했다가 우리말을 했다가 횡설수설한다는 거야."

엄마는 한글과 영어로 잠꼬대를 한다는 말이 싫지 않았다.

"정말? 우리 엄마 이러다 정말 미국 사람처럼 영어로만 잠꼬대하는 날이 오는 거 아닌지 몰라."

소원이도 비슷한 경험을 한 적이 있어서 이해가 되었다. 소원이는 〈테드〉에서 강연하는 꿈을 여러 번 꾸면서 영어로 말하는 자기 모습을 지켜보기도 했다. 영어로 이런 흥분된 나날들을 보내게 될지는 정말 몰랐다. 속도 향상으로 기록은 깨지기 시작하고, 오늘도 하고 내일도 할 훈련이라 외우지 않아도 된다는 가벼움이 더 신 나게 해 주었는지 모르겠다. 단어가 입에서 자동으로 나온다는 사실을 알게 된 순간에는 정말이지 날아갈 것 같았다. 영어는 외워야 한다는 상식이 깨지는 것은, 마치 천동설이 깨지고 지동설이 진리임을 알게 됨으로써 세상의 법칙이 재정립되는 것 같은 엄청난 변화였다. 이런 현상들을 직접 겪으며 소원이는 두려움과 고통에서 해방되듯 거듭난 기분이었다. 어렸을 때 엄마랑 차 안에서 영어 CD 들으면서 무작정 따라 했던 것들이 언어를 정말 언어답게 쉽게 접근하는 방법이었음도 알게 되었다. 그런데 한국식 영어 교육 시스템에선 가장 쉬운 그 접근 방법이 무너져버린 것이다. 소원이는 지금의 자신을 보며 그래도 다행이라는 생각이 들었다.

"엄마, 영어라는 게 정말 아무것도 아닐 수 있다는 생각이 살짝 들기 시작했어."

"엄마도 같은 생각이야. 지금 엄마 입에서 영어 단어가 그냥 튀어나오는데, 무슨 말이 더 필요하겠어. 이제 외국인 만나면 말을 걸고 싶어진다니까."

엄마의 호언에 소원이도 맞장구를 쳤다.

"엄마, 난 당장에라도 유학 가고 싶은걸."

모녀는 행복했다. 영어를 배우는 데 복잡하지 않고, 자연스럽게 영어를 사용할 힘이 생기고 있기 때문이다. 행복감이 온몸에 퍼질수록 소원이는 할머니가 생각났다. 온통 암흑 속을 헤매던 그때 따뜻하게 손을 내밀어준 할머니가 무척 고마웠다.

"엄마, 오늘 나랑 할머니네 식당에 같이 가자. 아빠도 같이 가면 안 될까?"

엄마도 그러자고 했다. 할머니께 감사의 표시라도 해야 할 것 같았다. 엄마는 아빠 회사로 전화하여 저녁을 할머니네 식당에서 먹는 걸로 약속을 잡았다.

푸짐하고 정겨운
저녁 식사

 소원이랑 엄마는 아파트 앞에서 버스를 타고 봉산로터리로 갔다. 아빠도 거의 비슷하게 도착했다.
 "아빠, 잘 찾아왔네?"
 소원이가 아빠 팔짱을 끼며 기분 좋게 맞아주었다.
 "아이구, 우리 공주님 예쁘기도 하지. 요새 부쩍 자주 웃네."
 아빠는 소원이가 행복한 것 같아서 좋았다. 어려운 결정이었지만, 딸아이가 더욱 자신감도 생기고 성숙해가는 것 같아서 다행이라는 생각이 들었다.
 "근데, 여기가 우리 소원이를 도와주셨던 할머니네 식당이란 말이지."

아빠는 차 트렁크를 열더니 언제 준비했는지 과일과 건강식품을 잔뜩 꺼내 양손에 들었다. 식당 문을 열고 들어서자, 김씨 할머니가 반갑게 맞아주었다.

"할머니, 이렇게 늦게 인사를 드려 죄송합니다."

엄마가 먼저 인사를 드렸고 아빠도 고개를 꾸벅 숙이며 말했다.

"이사하고 회사에 적응하느라 시간을 내기 힘들었어요. 이건…, 약소하지만 마음이라 생각하고 받아주세요."

할머니는 손사래를 치며 이럴 필요 없다면서도, 반가운 이들이 찾아왔다는 사실에 흐뭇함을 감추지 못하셨다.

"오늘 귀한 손님들이 오셨으니 음식은 내가 대접하리다. 여기서 가장 맛있는 김치찌개와 불고기 백반, 된장찌개를 한번 잡숴보시구랴."

모두 찬성이었다. 소원이네 가족은 식당을 두리번거리며 정감 있는 인테리어와 직접 요리하는 주방을 보면서 군침을 흘리고 있었다. 밑반찬만 해도 스무 가지 가까이 되는 것 같았다. 호박잎과 양념장, 깻잎, 수육, 간장게장, 조기구이, 회무침, 달걀말이, 풋고추, 상추, 부추무침, 익은 김치, 동치미 등 진수성찬이 따로 없었다.

"I'm so happy to meet you again."

드디어 할머니의 영어가 터졌다.

"I want to tell you I really thank you. I can speak in English because of you."

소원이도 자신도 모르게 영어로 감정표현을 했다.

"Wow, you can speak in English very well."

할머니가 활짝 웃으며 소원이를 칭찬해주었다. 소원이도 할머니와 영어로 대화를 주고받자, 기분이 무척 좋았다.

"We'll enjoy and enjoy and master in English. Please, help us."

소원 엄마의 영어 실력도 발휘됐다. 소원이랑 할머니도 놀랐다. 이들은 한참 동안 영어로 이야기를 나눴다. 소원 아빠는 입을 쩍 벌린 채 이 광경을 보고 있었다. 이사 온 지 얼마 되지도 않았는데, 도대체 무슨 일이 있었던 거냐. 딸과 아내가 밤마다 중얼거리더니 그게 이런 기적을 만들어낸 건가?

"아니, 도대체 언제 이렇게 된 거야?"

아빠는 놀란 표정을 거두지 못했다. 나머지 세 사람은 또 그걸 보고 한바탕 웃었다.

"자, 이제 소원 아버지 그만 놀리고 식사들 하세요. 자, help yourself."

할머니의 재치 있는 표현에 모두 다시 한 번 웃었다. 한 상 가득한 음식을 먹으며 소원이네 가족은 즐거웠다. 간장게장에 밥을 쓱쓱싹싹 비벼서 몇 숟가락 크게 떠먹었더니 밥이 동났다. 입맛을 다시는

소원 아빠의 마음을 아셨는지 할머니는 양푼에 밥을 한가득 담아 오셨다.

"할머니, 이 간장게장이 정말 밥도둑이네요."

소원 아빠는 연신 감탄하며 맛있게 먹었다. 내장이 고여 있는 게 장 등딱지에 밥 한술을 떠 넣어 비빈 다음 익은 김치를 한 가닥 얹어 한입에 쏙 넣었다. 소원이는 그 모습이 신기할 따름이었다. 소원 엄 마도 만만치 않았다. 회무침에 밥 한 공기를 붓고 힘차게 비빈 후, 호 박잎에 싸서 한입 먹더니 풋고추를 된장에 찍어서 먹었다. 아삭아삭 씹히는 고추의 맛과 호박잎의 향기가 버무려져 고향의 향취가 나면 서도 회무침 양념의 새콤함과 회의 육질이 입안을 풍성하게 해주었 다. 소원이는 두 분이 이렇게 맛있게 식사하시는 모습을 처음 보는 듯싶었다.

"우리 식당 단골손님 생기겠네."

할머니는 마냥 좋았다. 반찬이며 밥이 모두 바닥을 드러냈다. 순식 간에 일어난 일이었다. 마파람에 게 눈 감추듯 하다는 말이 딱 맞는 표현이었다. 후식으로 할머니가 직접 만든 식혜까지 먹었다. 저녁 한 끼를 정말 제대로 먹은 것이다. 소원 엄마는 할머니한테 반찬 만드는 비법을 이것저것 물어 꼼꼼히 메모해두었다. 맛있는 식사에 정겨운 대화에, 시간이 금세 흘렀다. 소원이네 가족은 할머니한테 작별인사 를 한 후, 집으로 향했다.

아빠의 합류

"소원아, 아빠도 영어가 쉽게 될까?"

운전에 집중하던 아빠가 슬쩍 지나가는 소리로 물었다.

"아빠는 힘들지 않을까? 매일 야근에 회식까지 있는데 훈련할 시간이 있을까?"

소원이는 마치 전문가가 다 된 것처럼 말했다.

"그때 하는 거 보니까, 아빠도 시간만 조금 내면 할 수 있을 것 같던데…"

그간 관심이 영 없지는 않았는지 아빠는 상당히 적극적이었다.

"당신, 우리가 오늘 영어 좀 하니까 이제 관심을 보이는구나."

"소원이는 이해가 되는데, 당신이 거침없이 영어를 하니까… 내가 좀 당황하기는 했지. 내가 당신한테 질 수는 없잖아."

아빠의 승부욕이 살아났다. 영어라면 학을 떼던 딸아이와 결혼하고 살면서 영어의 '영' 자도 내본 적 없던 아내가 즐겁게 영어로 대화하는 모습은 상당한 충격이었다.

"아빠, 우리처럼 하려면 일단 영어 훈련하게 시간을 비우시고, 마음도 비우세요."

"그 정도라면 하지 못할 이유가 없지. 오늘부터 시작할까?"

"어? 아빠, 진짜 할 거야?"

"할머니 봐라. 너랑 엄마도 대단하지만 할머니가 웃어가면서 영어를 편하게 구사하시는 걸 보고 반성했지. 도대체 어떤 방식으로 영어를 하길래 할머니까지 영어가 되는지 정말 궁금해졌다. 아빠도 이참에 해야지 더 미뤘다가는 모녀에게 밀리고 말겠어."

진담 반 농담 반으로 말하긴 했지만, 아빠는 진심이었다. 집으로 가는 내내 소원이와 엄마는 번갈아가며 One-day English Coaching에 관해 설명을 해주었다. 아빠는 어떤 부분은 다시 묻고 어떤 부분은 고개를 끄덕거리며 진지하게 들었다.

"그럼, 아빠도 초등 단어부터 시작해야겠다. 너랑 엄마가 겪은 시행착오를 내가 되풀이할 필요는 없잖아. 오늘부터 우리 One-day English Training Time을 정해서 하도록 하자. 아빠가 허술해 보여도 한다면 하는 사람인 거 알지?"

아빠는 설명을 듣고 자신감이 생겼다. 이사 온 지 겨우 한 달이 조금 지났을 뿐인데, 모녀에게 엄청난 변화가 일어났음을 아빠는 눈으로 직접 본 셈이다.

집에 도착하자, 소원이와 엄마는 씻고 잘 준비를 했다.
"어허. 제자가 맘먹고 영어 좀 하겠다는데 이렇게 비협조적으로 나오시면 곤란하지요, 스승님들."
아빠는 없던 애교까지 부리며 모녀의 지원을 요청했다. 소원이와 엄마는 배꼽을 잡고 웃다가 함께 훈련하고 자기로 했다. 먼저 소원이와 엄마가 시범을 보여주면 아빠도 해보기로 했다. 아빠가 스톱워치를 만지작거리자, 모녀는 금세 눈빛이 달라졌다. 준비가 된 것을 확인한 아빠는 "시~작!" 소리와 함께 스톱워치를 눌렀다.
모녀의 눈과 입과 손이 빛의 속도로 움직이기 시작했다. 덩달아 소리까지도 광속에 버금갔다. 아빠가 전에 봤던, 모녀의 훈련 초창기 어설프던 모습은 찾아볼 수 없었다. 혀가 꼬이지도 않는지 엄청난 속도로 발음하는 것이었다. 놀란 표정으로 지켜보던 아빠는 자신도 충분히 할 수 있다는 마인드콘트롤을 시작했다. 행동이든 말이든 빠른 속도로 할 수 있다는 것은 완전히 자신의 것으로 소화한 것이라고 볼 수 있다. 시간과 속도라는 기술적 측면과 뇌 과학에다 외우지 않고 큰 소리로 읽기라는 언어학적 접근을 융합했다는 것이 놀랍게 느꺼졌다. 평소에도 논리적 관점을 중시해온 자신이 볼 때도 정말 과학적이고 언어학적이라는 생각이 들었다.

아빠가 모녀의 모습에 빠져 있는 동안에 소원이는 이미 끝나가고 있었다. 소원이가 급하게 신호를 보냈다. 기록을 적어달라는 거였다. 스톱워치를 들고 소원이가 끝나기를 기다렸다. 마지막 과정인 자기만의 1000문장 쓰기를 마치자, 스톱워치를 멈췄다.

"58분 15초 33!"

소원이는 소리 없이 환호성을 질렀다. 아직 엄마가 끝나지 않아서 맘껏 소리칠 수가 없었다. 2~3분이 지나자 소원 엄마도 끝이 보였다.

"1시간 02분 20초 08!"

엄마도 몹시 기뻐했다. 목이 좀 아프기는 했지만, 1시간에 가까운 기록이라 흥분했다. 남편이 보고 있어서 더 몰입된 것 같았다.

"와, 둘 다 정말 대단한데?"

"아빠, 아직 갈 길이 멀어요. 중등은 시작도 안 했거든."

"소원이 말이 맞아요. 이제 시작인 셈이지."

"내가 보기에 이 방법은 정말 단순하면서도 강력하다는 생각이 들어. 초등에서 중등으로 넘어가도 별문제 없이 잘할 것 같단 말이지. 자, 지금부터 내가 해볼게."

아빠도 스스로 경험해보고 싶었다. 발음기호부터 단어를 거쳐 자기만의 1000문장 쓰기까지 해본 결과 1시간 40분이 나왔다. 기록에 만족하지는 못했지만, 전체를 한 번 읽어보니 감은 잡히는 것 같았다.

"확실히 익숙해지면 빨라지겠어. 그리고 책 전체를 하루에 한 번씩 볼 수 있다는 것이 큰 장점인 것 같아. 내일 아침에도 해야겠어. 두 사람 분발하세요. 금방 쫓아갑니다."

"우리도 가만히 기다리고 있지만은 않죠. 더 멀리 달아나야지."

온 가족이 One-day English 훈련으로 하나가 되었다. 행복한 기분으로 모두 잠이 들었다. 소원이는 영어로 온 가족이 이렇게 즐겁게 시간을 보낼 수 있다는 것이 신기했다. 지구 밖으로 떠나보내고 싶었던 영어가 이제는 마음속에 확실히 자리 잡은 존재가 되었다.

온 가족 공동의
꿈이 생기다

온 가족이 잠든 새벽 시간.

거실에서는 웅성거리는 소리가 들렸다. 아빠가 물컵을 옆에 놓고 시간을 재며 목청껏 달리는 소리였다. 열심히 달리다 가끔씩 느려지기는 했지만, 신 나게 읽어 내려갔다. 마지막 과정을 마쳤을 때 기록된 시간은 '1시간 30분 05초'였다. 아빠는 아쉬워하면서도 재미가 있는지 체크표에 시간을 적었다.

그러노라니 옛날 생각이 났다. 자신도 모녀만큼이나 영어의 한을 가지고 있었다. 대학생 시절부터 영어를 해오면서 토익에서는 늘 고득점자였지만, 말 한마디 제대로 못 하는 벙어리 고득점자였다. 입사하고 나서도 외국인과 일을 해야 할 때면 온몸이 땀으로 범벅이 될 정도로 긴장하곤 했다. 그런데 지금처럼 영어를 하면 그런 아픈 기억이 사라질 것 같았다. 회사에서 영어로 브리핑하는 모습을 상상하니 웃음이 절로 나왔다. 뿌듯함에 기지개를 힘껏 켜고 나서 출근할 준비를 시작했다.

아빠가 영어로 조깅 한 바퀴를 마쳤을 즈음 소원이도 깼다. 눈을 비비며 거실로 나와보니 물컵과 훈련 교재가 펼쳐져 있었다. 아빠의 훈련 흔적이다. 그걸 보니 소원이도 아침 영어 조깅을 한번 해볼까 하는 생각이 들었다. 컵에 물을 따른 다음, 식탁 의자에 앉아서 대뜸 달리기 시작했다. 시간이 빨라지면서 웬만한 단어들은 이미 머릿속에 들어와 있었다. 현재 단어를 큰 소리로 읽으면서도 다음 단어가 혀에서 이미 대기하고 있었다. 물론 책을 보지 않고서 말이다. 마치 컴퓨터에서 캐시메모리가 하는 역할처럼 무의식이란 곳에서 장기기억으로 존재하던 단어들을 끌어내 주는 느낌이랄까. 속도가 빨라지면서 부쩍 자주 접하는 현상이기도 했다.

"소원이 일어났구나."

씻고 나온 아빠 목소리가 활기 찼다.

"아빠, 진짜 한다면 하는 분이시네요. 아침에 훈련하고 기록까지 적어놓은 거 보니."

"그럼! 끈기 하나는 알아줘야 한다고. 끈기가 있어도 영어를 못했던 아픔이 있긴 하지만…. 하하, 그래도 이번에는 느낌이 좋아. 속도가 빨라지는 맛으로 한다 생각하고 있어. 무조건 속도부터 끌어올리는 거지."

아빠는 진짜 운동선수처럼 말했다. 기록 경신이 목표인 선수들처럼. 부녀의 대화 소리에 잠이 깬 엄마가 부지런히 아침 준비를 했다. 엄마는 아침을 준비하면서도 웅얼거리는 습관이 생겼다. 영어가 콧노래가 된 셈이다.

출근 준비를 마치고 나온 아빠는 식탁에 앉아서 아까 훈련했던 이야기를 꺼냈다.

"한 일주일 정도만 하면 당신 기록을 깰 것 같은데? 흠, 부지런히 훈련해야 할 거야."

"남도 아닌 남편이 추월한다는데, 기꺼이 양보하리다. 난 그저 거북이처럼 내가 정한 목표를 향해 한 걸음씩 나아갈 뿐이라오."

"와! 이제 우리 엄마는 마음의 여유까지 생기셨네."

"그러게 말이다. 예전 같았으면 도끼눈이 돼서 난리가 났을 텐데…. 것참, 신기하네."

"이제는 그리 살지 않을 거야. 솔직히 영어를 하면서 소원이를 많이 이해하는 계기가 되기도 했지만, 나 자신이 갖고 있던 아킬레스건도 극복되는 것 같아. 그래서 삶의 자신감 혹은 여유 같은 것이 조금씩 생기나 봐. 단지 영어를 시작한 것뿐인데 말이야. 게다가 남편까지 영어를 한다고 새벽부터 달리니, 나야말로 신기한걸?"

모두 한바탕 웃었다.

"누가 금메달을 딸지 올림픽을 한번 열어겠군."

연타석 웃음이 나왔다. 즐거운 아침을 함께한 소원이네 가족은 하루를 산뜻하게 출발했다. 아빠가 One-day English에 합류하면서 온 가족 공동의 꿈도 정했다. 영어로 전 세계를 누비는 '60일간의 World-Dreamtrip'을 해보자는 것이다. 소원이가 수능을 치른 겨울방학을 D-day로 잡았다. 대학 들어가기 전에, 온 가족이 세계를 누비며 영어를 하고 싶은 만큼 해보자는 것이었다.

아빠는 이제 출퇴근을 할 때 자동차를 이용하지 않고 버스를 타기로 했다. 버스 안에서도 훈련을 계속하고 싶어서다. 자료를 들고 중얼거리다 보니 옆자리 사람이 힐끗힐끗 쳐다봤지만, 그냥 모르는 척 했다. One-day English를 모녀보다 늦게 시작했지만, 그 훈련 방식에는 누구보다 확신을 갖고 있었다. 이유는 속도였다.

군대에 있을 때, 자대 배치를 맡고 나서 M16을 조립하는 대회가 있었다. 가장 빨리 조립하는 신병에게는 포상휴가를 주는 대회였다. 포상을 받고 싶은 마음에 틈만 나면 조립 연습을 했다. 연습을 거듭하면서 30초, 20초, 10초… 기록이 점점 좋아졌다. 시간을 단축시키기 위해서 머릿속으로 연결동작을 수백 번씩 생각하며 훈련을 계속했다. 그러다 보니 어느 순간 연결동작 이미지보다 손이 더 빠르게 움직였다. 눈보다 손이 더 빠르게 반응한다는 것을 경험한 것이다.

영어 훈련도 속도를 높이다 보면 뇌보다 입이 더 빠르게 반응하는 것처럼 여겨질 수 있다고 생각했다. 스스로 확신을 갖고 있었기에 시도 때도 없이 훈련했다. 출근과 퇴근 때, 아침, 저녁으로 하루에 네 번을 정해놓고 했다. 3~4일 정도부터 속도가 급격하게 향상되기 시작했는데 기록이 조금이라도 좋아지면 마냥 기뻤다.

"와! 1시간 01분 13초다."

새벽, 아빠의 외침에 소원이가 잠에서 깨 거실로 나왔다. 아빠는 미안한 기색이 조금 비쳤으나 그것보다는 기쁨이 더 큰 것 같았다. 소원이한테 기록지를 보여주며 아이처럼 기뻐했다. 시작한 지 얼마 되지 않았는데, 속도 변화가 예사롭지 않았다.

"아빠! 대단하다."

소원이도 놀랐다. 왜 아빠처럼 하루에 여러 번 할 생각을 못 했는지 아쉽기도 했다. 더 많이 훈련하면 실력은 당연히 좋아지는데 말이지.

아빠의 열정에 자극받은 소원이는 코앞으로 다가온 개학에도 관심을 두지 않았다. 오로지 영어 훈련에만 매진했다. 하루에 한 번 하던 훈련을 세 번으로 늘리기까지 했다. 세 번으로 늘리자 속도가 눈에 띄게 빨라졌다. 아빠가 그렇게 좋아하던 이유도 알 것 같았다. 외우지 않았던 단어들이 더 빠르게 익혀지면서 유독 빨리 읽어내는 단어들이 늘어났다. 덕분에 문법, 회화, 자기만의 1000문장 쓰기도 탄력을 받았다.

"50분 만에 읽다니!"

소원이는 스톱워치에 찍힌 기록을 보고 스스로 놀랐다. 기록지에 날짜와 오늘 기록을 적어 넣으며 행복함을 느꼈다. 비록 초등 단어였지만, 입에 쫙쫙 붙는 느낌이 들면서 술술 넘길 수 있었다. 바로 이런 기분을 느껴야 했던 것이다. 단어를 한 바퀴 돌리고 난 후 One-day Magic Tree Grammar를 하면 단어들이 품사별로 나열되는 느낌이 들었고, 생활영어 300문장을 하면서는 문법의 구조와 형식들이 보이기 시작했다. 그뿐만이 아니었다. 자기만의 1000문장 쓰기는 입에서 나온 단어나 문장들을 순식간에 쓸 수 있도록 도와주었다. 그야말로 신기하고 신 나는 일 아닌가.

소원이와 엄마는 종종 제한된 시간에 누가 가장 많은 단어나 문장을 발음하는지 시합을 하기도 했다. 5분 동안 무조건 영어로만 말하는 시합이었다. 단어든 문장이든 자신의 생각이나 감정을 막 던지는 것인데, 그 짧은 시간에 수백 개의 단어와 문장이 튀어나왔다. 마치 모국어를 발음하듯이 말이다. 서로 놀라지 않을 수가 없었다.

"엄마, 우리 다른 세상에 있는 것 같지 않아? 우리가 영어로 이런 게임을 할 줄이야."

"그러게. 이런 날이 올 거라곤 상상도 못 했어."

"이제 내일부터 다음 단계를 도전해볼 거야. 이제 할 수 있을 것 같아."

"엄마도 그래야겠어. 발음이 어색하기는 하지만 영어가 입에서 머뭇거리지 않고 튀어나온다는 게 믿기지 않을 따름이야."

소원이와 엄마는 최근 한 달간 자신들의 변화에 뿌듯해했다. 반복이라는 지루함을 속도로 극복했고, 속도는 다시 성취감을 안겨주었다. 익힌다는 것은 단순한 반복이 아니었던 것이다.

다섯째 마당:
찗 시너지 효과를 누려라

첫 등굣길에 일어난 일

I 드디어 개학이 되었다. 이사 와서 처음 학교에 가는 날이었다. 서울과는 어떤 차이가 있을까? 호기심이 생기기도 하고 잘 적응할 수 있을지 걱정도 되어 소원이는 잔뜩 긴장한 채 등교했다.

"Excuse me, excuse me…."

낯선 듯 익숙한 소리가 뒤쪽에서 들려왔다. 소원이는 누군가가 자신을 부르고 있다는 사실을 모른 채 One-day English에 대한 생각에 몰두해 있었다. 외국인이 소원이의 어깨를 두드릴 때까지.

"Excuse me. I am strange here. Where is the Ga-On High School?"

"Oh! I am a student in Ga-On High School. Just go ahead. It

will take 15 minutes on foot."

"Thank you. What is your name?"

"So-Won. It means hope in English. Haha."

"Oh, it's a good. My name is Andrew. I'm from Canada. I'm a new English teacher in Ga-on high school. I'm excited everything because of first time in Korea."

"Really? English teacher?"

"Yes. But what is the problem?"

"No…, just I surprised speaking in English now."

소원이는 스스로에게 놀랐다. 자신이 한국어가 아닌 영어로 원어민과 대화를 하고 있었던 것이다. One-day English에 몰두하느라 누군가 영어로 말을 걸었다는 것도 인지하지 못했고 거기에 자신이 영어로 대답하고 있다는 사실도 이제야 알았다. 예전이라면 외국인을 보자마자 줄행랑을 쳤을 텐데 말이다.

"I'm speaking in English!"

"Yes. So what?"

어리둥절해하는 앤드류의 반응과는 상관없이 소원이는 그저 기뻤다.

'진 원장님이 말씀하신 게 이런 걸까?'

소원이는 뜻하지 않은 새로운 경험에 가슴이 벅차서 새 학교에 대한 두려움 같은 건 까맣게 잊어버렸다.

소원이는 원어민에게 영어로 말을 했다는 사실이 놀라웠고 그 자연스러움에 한 번 더 놀랐다. 이 짧은 경험이 소원이에게 큰 자극이 되었다. 얼마 전부터 2단계 수준으로 One-day English(phonic 중급, 중등 1500단어, One-day Magic Tree Grammar(구), 생활영어 400문장, 자기만의 1000문장 쓰기) 훈련을 시작했는데, 전혀 문제가 되지 않았다. 기록을 갈아치우는 데 가속이 붙기 시작했다. 1단계에 비해 2단계의 어휘와 문장은 비교도 안 될 만큼 많은 양이었지만, 1단계 처음 시작했을 때 걸린 시간과 20여 분밖에 차이가 나지 않았다. 훈련해야 할 총량은 세 배 가까이 늘었지만, 시간은 20여 분밖에 늘지 않은 것이다.

"소원아, 2단계 기록은 어떠니?"

엄마도 자신의 속도를 은근히 자랑하고 싶어 말을 꺼냈다. 그러자 소원이가 의미심장한 미소를 흘리며 자기 기록지를 내밀었다.

"호호호, 이것 좀 보실래용?"

"뭐야, 이거 진짜니?"

엄마는 놀라고 말았다.

"2단계 시작한 지 이제 겨우 열흘 지났는데 벌써 1시간 40분 만에 끝낸 거야? 이게 우리 소원이 기록 맞나?"

소원이 등을 쓰다듬어주며 기뻐해 주었다.

"엄마 있잖아. 나, 학교에서 원어민 선생님이랑 대화도 많이 해. 수업 시간은 물론이고 매점이나 복도에서 만나면 내가 먼저 말을 걸 정도가 되었어. 이제는 잘 때 영어로 말하는 꿈을 꾸는 게 자연스럽게 느껴진다니까."

신이 나서 이야기하는 소원이를 보며 엄마는 뭐라 표현할 수 없이 기뻤다. 소원이가 네다섯 살 때 말하기가 폭발적으로 늘어나면서 뭐든 엄마에게 이야기하고 싶어 하던 그 모습이 겹쳐 보였다. 이렇게 기쁘게 뭔가를 훈련했던 기억이 모국어 익힐 때 말고는 없었던 것 같다.

"엄마, 무슨 생각을 그렇게 해? 우리 주말에 코칭센터에 갔다 오자. 현재까지 상황을 알려드리고 필요한 부분이 있으면 미리 준비해야 할 것 같아."

"그러자꾸나. 사실은 내 자랑 좀 하려고 말 꺼낸 건데, 명함도 못 내밀겠네. 엄마도 소원이 만큼은 아니더라도 많이 늘었거든. 그래서 이제 코칭센터에 있는 주부반에 들어가 보려고 해."

"엄마, 나도 정기적으로 코칭센터에 가서 다른 아이들과 함께 해볼까 싶던 참이었어."

소원이는 이미 자신감이 붙어 있었다. 학교생활도 어느 정도 안정됐고, 학습적인 면도 자리를 잡아갔다. 그동안 영어가 전반적인 학습에 큰 영향을 미쳤기에 영어 자신감은 학습에 대한 자신감으로 전이되었다.

한편, 아빠도 어느 틈에 One-day English 2단계를 할 준비가 되었다. 직장생활 하면서 영어는 필요하다고 생각했는데 늘 시작하기가 어려웠다. 막상 시작했더라도 꾸준히 시간을 투자하기엔 현실이 녹록지 않았다. One-day English 훈련 방식으로 하면서 시간과 효과라는 두 마리 토끼를 모두 잡은 셈이었다.

찚 시너지
효과를 체험하다

따사로운 햇살이 조금씩 힘을 발휘하며 봄의 향기를 느낄 수 있는 주말이었다. 소원이와 엄마는 상쾌한 걸음걸이로 코칭센터에 들어섰다. 진 원장과 폴 코치가 반갑게 맞이하며 맛있는 녹차를 내놓았다.

"요즘 즐거우신가 봐요. 얼굴이 밝아 보여요."

진 원장이 모녀의 모습이 좋아 보였는지 덕담을 건넸다.

"딸아이가 행복해진 것 같아서 좋고, 저도 영어를 할 수 있다는 자신감이 생겨서 무척 행복해요."

"저도요. 영어가 삶의 행복이 될 수도 있다는 사실이 그저 기적 같기만 해요."

소원이 말에 진 원장과 폴 코치가 약간 놀란 얼굴로 서로 마주 보았는데, 그 눈빛에 뭔가 의미가 있는 것 같았다. 폴 코치가 이내 말했다.

"챕 시너지 효과를 경험하고 계시군요."

"네? 그게 무슨…. 아, 맞다! 전에 원장님께서 잠깐 말씀하신 것 같기도 해요."

소원이가 손뼉을 치며 대꾸했다.

"소원이 기억력이 정말 좋구나. 지나가는 말로 살짝 얘기했을 텐데 그걸 생각해내다니."

진 원장의 칭찬에 소원이는 조금 머쓱했지만 기분은 좋았다.

"One-day English에서만 경험할 수 있는 특별한 효과랍니다. 이를 몸으로 깨달으시면 삶 전체에 효과가 미칠 수도 있지요."

폴 코치가 의미심장하게 말을 던졌다. 웃고 있던 진 원장이 말을 이었다.

"챕 시너지 효과라는 공식이 있어요. 설명하자면 조금 긴데 괜찮을까요?"

"그럼요, 정말 궁금해요."

소원이와 엄마가 이구동성으로 답했다.

"이 공식은 칭기즈칸이 대제국을 건설하면서 사용했던 전략과 전술이라고 할 수 있습니다. 칭기즈칸이 대제국을 건설할 수 있었던 가장 큰 이유로 세 가지를 꼽을 수 있어요. 첫 번째는 속도였습니다.

몽골족의 장점은 기마민족이면서 유목민이라는 것입니다. 그래서 한곳에 머물러 성을 쌓기보다는 빠른 속도로 이동하면서 영토를 넓혀갈 수 있었죠. 두 번째는 각 나라의 문화를 그대로 수용해주었다는 사실입니다. 역사 교과서에서도 자주 언급되었지요. 마지막은 부족들이 흩어지지 않고 칭기즈칸을 중심으로 뭉칠 수 있었다는 점입니다."

"저도 칭기즈칸 책을 읽은 적이 있어서 조금은 알 것 같아요."

소원이가 공감하는 표정으로 말했다.

"그렇죠? 최근 연구도 많이 되고 있는 것 같습니다. 그런데 여기서 주목할 것은 첫 번째와 마지막입니다. 첫 번째 속도는 우리가 계속 염두에 둔 점이기 때문에 잘 이해할 수 있을 거예요. 그러면 마지막 이유인 뭉친다는 점을 볼까요? 유명한 일화가 있습니다. 칭기즈칸은 부족들 앞에서 하나의 화살을 손에 쥐고 부러뜨렸습니다. 그리고 두 개, 세 개, 네 개의 화살을 차례대로 부러뜨렸어요. 그런데 10여 개의 화살을 손에 쥐었을 때 칭기즈칸이 있는 힘껏 부러뜨리려고 했지만, 부러지지 않았습니다. 족장들도 나서서 기를 써봤지만 부러지지 않았죠. 흔히 이 일화를 협동이나 단결의 중요성을 설명하기 위해서 인용하는데요. 저는 다른 관점에서 이야기하고 싶습니다. 이를 통해 '쩝 시너지 효과'를 증명하고자 합니다."

소원이도 엄마도 이야기에 빠져들어 가만히 듣고 있었다. 잠깐 숨

을 고른 원장은 이야기를 이어갔다.

"One-day English는 말 그대로 하루에 전체를 한 번 훑어본다는 의미가 있죠. 하루에 전체를 봤다고 해서 영어 실력이 갑자기 생기지는 않습니다. 물론 다음 날도, 그다음 날도 며칠을 반복하지만, 그것으로 영어가 된다고 생각하면 오산이죠. 화살이 어느 정도 모둠이 되었을 때, 부러지지 않을 만큼의 힘을 가지게 되지요? 화살 하나의 힘이 약하듯 하루에 이루어지는 영어의 힘도 약합니다. 하지만 여러 번의 하루가 모이면 어느 날 하루에 영어가 완성됩니다. 이를 수식으로 증명할 수 있는데, 그것이 바로 '習 시너지 효과(Habit Synergy Effect)'라는 것이죠."

진 원장이 자리에서 일어나더니 화이트보드 쪽으로 향하면서 말했다.

"지금부터 공식을 통해서 설명해보겠습니다."

그는 보드에 다음과 같이 쭈욱 적어갔다.

$E = X(X-1) + \alpha$

E: 習 시너지 효과

X: 빠른 속도를 전제로 한 반복 횟수

α: 꿈(목표나 비전)(단, $\alpha \geq 0$)

X＝1일 때, E＝a: 그저 꿈으로만 존재할 뿐, 어떤 효과도 존재하지 않음

X＝2일 때, E＝$2+a$: 반복 효과는 있으나 시너지 효과는 있을 수도 없을 수도 있음

X＝3일 때, E＝$6+a$: 반복에 따른 2배 이상의 시너지 효과 발생

X＝4일 때, E＝$12+a$: 반복에 따른 3배 이상의 시너지 효과 발생

.

.

.

X＝100일 때, E＝$9,900+a$: 반복에 따른 99배 이상의 시너지 효과 발생

X＝101일 때, E＝$10,100+a$: 반복에 따른 100배 이상의 시너지 효과 발생

"이처럼 됩니다. 공식을 보시면 아시겠지만, 빠른 속도로 반복한 횟수가 많아질수록 시너지 효과가 커지는 현상을 볼 수 있을 겁니다. 시너지 효과가 커진다는 것은 반복을 많이 함으로써 익혀진다는 의미라기보다는 처음에는 모방적 반복을 하지만 횟수가 반복되면서 창조적 모방을 하게 된다는 것입니다. 창조적 모방이 시너지 효과를 만들어내는 효소와 같은 역할을 하는 것이죠."

진 원장은 보드의 공식 부분을 가리키며 말을 이었다.

"이 공식에서 생각할 또 하나의 중요한 요소는 바로 'α'입니다. 이 부분을 인문학적으로 말하자면 '훈련하는 참된 이유 혹은 꿈'을 의미하고 자기계발적으로 접근하면 비전·목표를 말하기도 합니다. 시너지 효과에 플러스 요인으로 작용하고 있지만, 실제로는 심리적 동기부여에 강력한 힘을 줍니다. 그리고 이것은 '1만 시간의 법칙'과 깊은 연관성을 가지고 있습니다. '1만 시간의 법칙' 또는 '10년 법칙'이라는 말 많이 들어보셨죠?"

"네. 한 분야의 달인이 되는 데 필요한 시간이라고 이해하고 있어요."

소원 엄마가 보드에 두었던 시선을 진 원장 쪽으로 향하며 대답했다.

"그렇습니다. 매일 하루 세 시간씩 10년을 하다 보면 관련 시냅스가 강하게 형성되면서 그 분야의 전문가 혹은 달인이 된다는 의미를 담고 있죠. 우리는 단어를 예로 볼까요? One-day English에서는 하루에 한 단어를 네 번 반복합니다. 1개월이면 120번, 2개월이면 240번, 3개월이면 360번 반복을 하게 되므로 시너지 효과가 기하급수적으로 증가하게 되죠. 큰 소리로 속도감 있게 읽으면서 엄청난 양의 반복을 하다 보면 뇌가 활성화되고 몰입의 상태로 접어들면서 절대적 시간의 벽을 넘어서게 됩니다. 이러한 몰입적 반복으로 시냅스가 형성되면서 영어 뇌가 만들어지는 것입니다. 결국 시너지 효과는 절대 시간을 단축시킴으로써 달인의 경지에 이르도록 한다는 말이 되는 것이죠."

긴 설명을 마친 원장이 소원이와 엄마를 보며 반응을 기다렸다.

"제가 하는 훈련에 이런 원리와 공식이 뒷받침되어 있었네요. 빠른 속도로, 큰 소리로, 처음부터 끝까지 읽는 것이 뇌를 활성화하고 몰입하게 하고 무의식과 영어 뇌를 자극하며 시너지를 일으키다니, 정말 엄청난데요?"

수를 세듯 손가락을 꼽아가며 말하는 소원이를 보고 모두 웃었다.

"쩝 시너지 효과가 마치 팝콘같다는 생각이 들지 않으세요?"

소원 엄마도 한마디 거들었다.

"용기 안의 옥수수가 서서히 뜨거워지다가 어느 순간 '파바박' 소리를 내며 단번에 터지잖아요. One-day English도 마찬가지라는 생각이 들어요. 용기가 우리 뇌이고 옥수수가 시냅스라고 생각하면, 온도가 서서히 올라가는 것은 시냅스가 굵어지고 확장되는 것이라 할 수 있고, 팝콘이 터지는 건 영어가 봇물 터지듯이 나오는 것과 같잖아요."

손짓까지 동원한 소원 엄마의 설명에 모두 재미나다는 듯 웃었다.

"부연설명이 필요 없군요. 이렇게 학습 능력이 좋으실 줄이야, 하하하."

"귀에 쏙 들어오는걸요. 앞으로는 저도 팝콘을 가지고 설명해봐야겠습니다."

그 말에 또 한 번 웃음바다가 되었다.

"원장님, 혹시 저희가 코칭센터에 나와서 훈련하는 것은 어떤가요?"

"그럴 날이 곧 올 겁니다. 코치의 필요성을 더 많이 느끼게 될 거예요."

"그럼, 필요하면 언제든지 코칭센터에서 훈련해도 되는 걸로 알겠습니다."

"당연하지요. 늘 환영입니다."

소원이와 엄마는 영어는 학문처럼 배우는 것이 아니라 기술처럼 익히는 것이라는 의미에 깊은 공감을 하게 되었다. 기술이라고 생각하니 왠지 누구든 할 수 있을 것 같다는 생각도 들었다.

슈퍼 잉글리쉬 소닉이라 불리는 아이

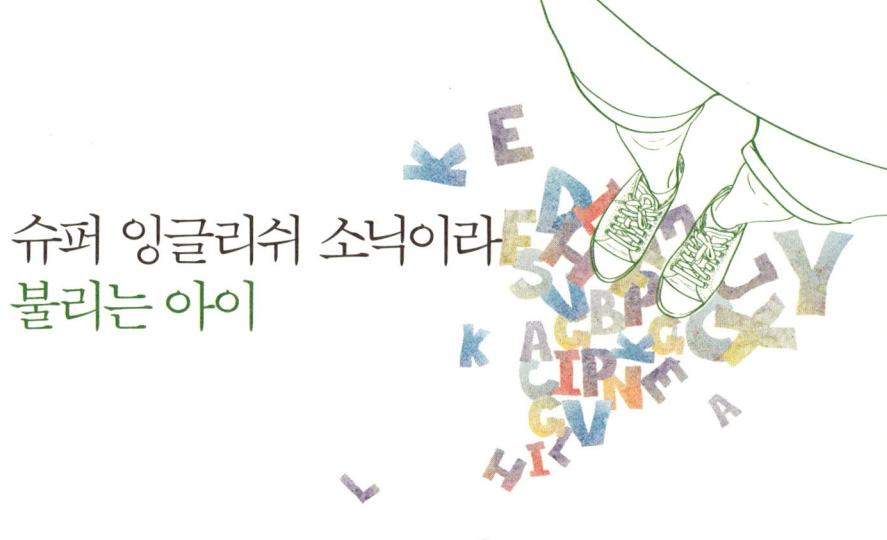

소원이네 가족 모두가 코칭센터에 나가서 훈련하면서 김씨 할머니는 물론 많은 친구를 만나게 되었다. 코칭센터는 시간대별로 운영되었다. 일반적인 학원처럼 레벨별, 학년별 수업을 하지 않고, 언제든 자신이 가능한 시간대에 와서 훈련하는 형태였다. 소원이와 엄마는 오후 5시쯤에 훈련하는 편이라 주로 학생들과 할머니 그리고 주부들이 많았다. 시간대별로 훈련하다 보니 태권도 도장처럼 여러 연령대가 모이기 마련이었다.

처음 훈련하던 날의 광경을 잊을 수가 없다. 오후 5시가 되자, 초등학생과 중학생들이 오기 시작하더니 주부와 어르신들까지 모여들었다. 대강의실에 전 인원이 모여서 훈련하는 형태였다.

"코치님, 이렇게 다양한 연령대와 수준이 모여서도 훈련이 되나요?"

소원 엄마는 궁금했다.

"각자 자기 목표량만큼 하고 가면 되거든요."

폴 코치가 웃으며 답했다.

소원이와 엄마는 각자 자리에 앉았다. 폴 코치가 강단으로 올라가 시계에 눈을 주었다. 5시 정각이 가까워지자 큰 소리로 말했다.

"자, 여러분, 준비되셨죠?"

"네!"

소원이와 엄마만 제외하고 모두 한 손으로 책장을 잡고 있었다.

"Let's go!"

폴 코치의 구령이 떨어지자마자, 일제히 책장을 넘기며 큰 소리로 읽기 시작했다. 소원이와 엄마도 좀 늦게 시작했지만, 정신없이 입으로 달리기 시작했다. 이 순간부터 소원이와 엄마는 외부의 어떤 소리도 의식하지 못했다. 오직 자신만의 기록을 위해 달리고 또 달렸다. 선 자세로 발음기호부터 큰 소리로 읽는 학생도 있었다. 코칭센터는 유명한 강사가 떠들어대는 현란한 문법 실력과 독해력 그리고 고급스러운 발음을 얌전히 앉아서 듣는 곳이 아니었다. 각자 자신의 분량만큼 입과 눈 그리고 손으로 달려야 하는 입장이다 보니 강의실이 늘 떠들썩했다. 그렇지만 누구도 그 소란스러움을 거슬려하지 않았다. 온 지 며칠 되지 않은 친구들은 옆 친구들의 폭풍과도 같은 발음속도를 조금이라도 따라가 보려고 노력하느라 땀이 날 정도였다. 바쁘게 달리고 나면 어느새 한 시간이 훌쩍 지나가 버렸다. 남을 신경 쓸 틈도 없을뿐더러 지루할 틈도 없었다.

"여러분, 수고하셨어요. 반드시 잊지 마세요. 우리는 외우는 것을 원치 않습니다. 왜냐구요? 내일도 또 할 거니까요. 매일 할 거니까 오늘 열심히 훈련했으면 된 겁니다."

모든 사람이 전혀 스트레스를 받지 않았다. 자신의 기록을 깨서 즐거워하는 사람들이 있을 뿐이다. 그중에 유독 눈에 띄는 학생이 한 명 있었다. 어찌나 자신감이 넘치는지 소원이는 말을 걸고 싶었다.

"얘, 넌 이름이 뭐니?"

막 강의실을 나서는 그 아이를 따라잡으며 소원이가 물었다.

"조준호예요."

준호가 씩씩하게 대답하면서 올해 중학생이 되었다는 말도 덧붙였다.

"오늘 단어 읽는 속도 정말 빠르더라. 그전에도 영어를 잘했구나?"

"누나, 제가 그렇게 보여요?"

"응, 나만 그렇게 본 게 아닐 거야. 엄마, 그렇지?"

엄마도 어느새 따라와 셋이 함께 걷게 되었다.

"그래, 맞아. 준호 하는 걸 본 사람은 다 그렇게 생각할 것 같아."
"아, 이제 제가 그렇게 보이나 봐요."
준호는 기뻤다.
"실은, 제가 영어를 할 수 있을 거라고 생각해본 적이 없었어요. 우리말도 너무 늦게 배워서 어눌했었거든요. 저희 부모님은 제가 말도 느리고 표현력도 형편없어서 언어장애가 있는 게 아닌가 싶었대요. 병원에도 여러 차례 갔었고요."
"정말? 전혀 그렇게 보이지 않는데?"
소원이랑 엄마는 깜짝 놀랐다.
"우연히 One-day English Coaching을 알게 되면서 조금씩 변화가 생겼어요."
"우리말도 어눌했다고 했는데, 우리처럼 영어 단어 전체를 큰 소리로 읽으려면 엄청나게 오래 걸렸을 것 같구나."
소원이는 말이 느린 준호가 이런 속도로 할 수 있게 된 방법이 너무 궁금했다.
"저는 다른 분들과 다르게 코칭하신 거죠. 초등 800단어를 100단어씩 분류했어요. 처음 100단어를 읽는 데 걸리는 시간을 쟀죠. 한 시간이 걸렸어요. 남들은 한 시간이면 500에서 600단어 정도를 읽거든요. 근데, 저는 100단어 읽는 데 한 시간이 걸린 거예요. 정말 그 때는 포기하고 싶었어요. 너무나 비교되니까."

준호는 당시 감정이 살아나는 듯 조금 울먹거렸다.

"얼마나 힘들었을까. 그래도 용케 포기하지 않았구나, 정말 장하다."

소원 엄마가 안쓰러움 가득 담긴 눈빛으로 말했다.

"맞춤 코칭 덕분이에요. 며칠 동안을 첫 번째 100단어만 계속 시키더군요. 남들은 600단어에서 800단어로 넘어가는데, 저만 같은 100단어를 훈련시키셨죠. 2~3일 하는 동안은 정말 화가 났어요. 저 자신한테도 화가 나고요."

"정말, 왜 안 그렇겠니."

소원이도 자신이 그런 상황이었다면 화가 날 것 같았다.

"그렇지만 꾹 참고 5일 정도를 했어요. 그러자 100단어 읽는 속도가 쭉 올라가더니 35분으로 줄어들었어요. 그 순간 '아하' 하고 감탄사가 절로 나왔어요."

준호는 그 순간이 정말 기뻤는지 상기된 얼굴로 말을 이어갔다.

"다음 코칭 내용이 기가 막혔어요. 35분에 주파하고 나니까 나머지 25분간은 두 번째 100단어 묶음을 읽으라고 하셨어요. 이 코칭은 저에게 신의 한 수였죠. 단어 읽기에서 자신감을 얻었을 뿐만 아니라 어눌한 우리말까지도 빨라졌으니까요. 이렇게 8개월을 연습했더니 파닉스, 단어, 회화, 동화책, 자기만의 1000문장 쓰기 훈련이 55분 만에 끝나게 되더라고요."

소원이와 엄마는 박수를 쳐주었다. 정말 대단한 아이였다.

"그리고 제가 한 시간 안에 성공한 다음 날, 저희 부모님이 코칭센터에 오셨고 부모님 앞에서 제가 영어 하는 모습을 보여드렸어요. 부모님은 엄청나게 기뻐하셨어요. 그 후 저는 학교에서도 새로운 별명을 갖게 되었어요. 애들이 '슈퍼 잉글리쉬 소닉'이라고 부르더라고요. 아주 마음에 들어요. 우리말 발음도 시원찮던 제가 이렇게 영어를 잘하게 되자 친구들도 많이 놀라워했어요. 그 친구들이 다 여기서 저랑 함께 훈련하고 있죠."

준호의 성공 스토리를 들으면서 걷다 보니 떡볶이집 앞이었다.

"우리 열심히 먹고, 내일도 열심히 하지 않을래?"

한턱 쏘겠다는 소원 엄마 말에 소원이와 준호는 "감사합니다!"를 외치며 얼른 들어가 자리를 잡았다.

진주가 문법의 벽을 넘은 방법

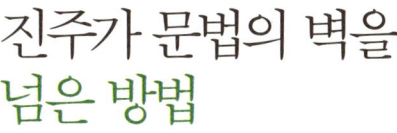

소원이와 엄마는 가끔씩 코칭센터에서 훈련하면서 준호의 사례와 같이 정말 재미있는 사연들을 많이 접하게 되었다. 하루는 열심히 훈련하고 있는데, 예쁘장한 한 여학생이 들어왔다. 진주라는 이름이었는데 One-day English Coaching 훈련을 한 지 4개월째였다. 지금 하는 모습을 보면 전혀 소원이와 달라 보이지 않았다. 그런데 이렇게 되기까지 맞춤 코칭이 이루어진 학생이었다.

"제가 영어를 포기한 이유는 문법이었죠."

어릴 때 외국에 나갔기에 영어를 꽤 했지만, 초등학교 6학년 때 귀국하면서부터 가시밭길이 시작되었다.

"초등 6학년 때 귀국했기 때문에 중학교 교과 과정을 미리 준비해야 했어요. 그래서 한국식 문법 과외를 받기 시작했어요. 이것이 문제의 발단이기도 하죠."

진주에게 과외를 했던 선생님은 문법을 설명할 때마다 진주랑 부딪혔다. 한국 문법 시험을 위한 교육이었지만, 진주가 실제로 사용하는 문법과는 양적인 면에서 너무나 차이가 났다. 진주는 도저히 이해할 수 없었다.

"진주야. 그러니까 관계대명사의 역할은 크게 세 가지가 있단 말이야. 그 역할은…"

"관계대명사가 뭐예요?"

과외 선생님이 수없이 설명해주었지만, 진주는 도무지 알아듣지 못했던 것이다.

"저는 문법을 위한 문법을 하는 것이 짜증이 났어요."

소원이도 문법 때문에 애를 먹었던 터라 진주의 기분을 이해할 수 있었다.

"저를 이해시킬 사람이 없다고 생각한 엄마는 결국 코칭센터가 있는 이곳으로 저를 이끌어주셨어요."

소원이와 엄마는 이런 경우 어떤 코칭이 이루어지는지 궁금했다.

"폴 코치님이 저랑 몇 가지 이야기를 나누더니 나무 그림이 있는 종이를 여러 장 가지고 오셨어요."

그 일이 기억났는지 진주는 웃고 있었다.

"다섯 줄기가 있는 나무 그림을 보여주면서 문법을 설명하시기 시작했어요. 수분과 영양분을 뿌리에서 흡수하고 흡수된 수분과 영양분이 줄기와 열매를 만드는 과정을 문법의 5형식으로 비유해서 설명하시는데, 이전에는 듣도 보도 못한 설명 방식이었어요. 뿌리가 8품사의 역할을 한다는 것과 줄기는 다섯 가지 문장의 형식을 의미하고 열매는 말하기나 글쓰기에 해당한다는 세부설명을 듣는 순간, 저는 무척 놀랐어요."

진주는 그날의 흥분을 재현하듯 침까지 튀겨가며 이야기했다.

"그날부터 저는 한 달 동안 매일 One-day Magic Tree Grammar를 그리는 훈련을 했어요. 보통은 말로 반복시키는데, 저한테는 나무 그림을 계속 그리게 하더군요. 한 달 동안 그린 One-day Magic Tree Grammar는 정말 다양했어요. 예를 들면, 어떤 날은 뿌리만 있고 줄기가 없는 나무, 형식별로 줄기만 있는 나무, 땅만 표시한 백지, 형식과 절이 섞여 있는 나무, 형식과 구가 섞여 있는 나무 등등요. 정말 다양한 나무 이미지에 문장의 형식을 완성하도록 하는 훈련이었죠. 이미지가 머릿속에 선명하게 자리를 잡자, 그때부터 정상적인 One-day English Coaching을 시작했어요."

소원이는 왜 그렇게 했는지 정말 궁금했다.

"저한테는 문법에 대한 새로운 이해와 접근이 필요했던 것 같아요. 저는 One-day Magic Tree Grammar 에서 영어에 대한 고정관념이 깨진 사례가 아닐까 생각해요. Magic Tree 훈련으로 한국식 영어 문법의 틀을 깨고 문법을 이해할 수 있었거든요. 그 후로 정상적인 훈련을 하면서 문법이 훨씬 수월해졌어요."

"정말 신기하다! One-day English Coaching은 부분과 전체 훈련이 다 의미가 있다는 생각이 드네."

소원이는 진주에게 이루어진 코칭이 참 중요했다는 생각이 들었다. 모든 사람이 영어라는 고질병을 가지고 있지만, 진단과 치유 방법은 조금씩 다를 수 있다는 의미에서 진주의 맞춤 코칭은 의미하는 바가 크다는 생각이었다. 영어도 언어이므로 특성상 듣기·읽기·말하기·쓰기라는 틀에서 동시에 상호작용을 한다. One-day English Coaching은 이런 언어의 특성을 정확하게 파악해서 정해진 시간에 네 가지 영역을 모두 다루도록 훈련한다는 장점이 있다는 것을 새삼 알게 되었다. 진주의 사례는 그중에서도 각자가 아킬레스건으로 여기는 부분들을 일정 기간 중점적으로 훈련한 후에 One-day English 전체 과정을 진행하면 효과가 배가된다는 점을 확실하게 보여주었다. 소원 엄마는 워낙 한국이 영어의 영역을 전문화해서 성적만 올리려는 폐단이 심각한데, 이를 해결하고자 나온 방법들이 아니었을까 하는 생각도 해보았다.

제트 기류를 타라

얼마 후 소원 아빠도 회사 일을 일찍 마치고 코칭센터에 들렀다. 소원이와 엄마가 틈만 나면 코칭센터에 찾아가기 시작하던 무렵이었다. 오후 7시 훈련 시간이 다가오고 있었다. 소원 아빠가 코칭센터에 와보기는 처음이었지만, 그동안 모녀를 통해서 귀에 못이 박이도록 들었던 터라 낯설지가 않았다.

"여러분, 식사들은 하셨죠?"

진 원장이 강의실로 들어서며 인사를 건넸다.

"오늘은 이야기 하나 들려드리고 시작하려고 합니다. 괜찮죠?"

"괜찮고 말고요. 진 원장이나 폴 코치가 해주는 이야기는 재미도 있지만 많은 것을 생각하게 해주니 항상 고맙지."

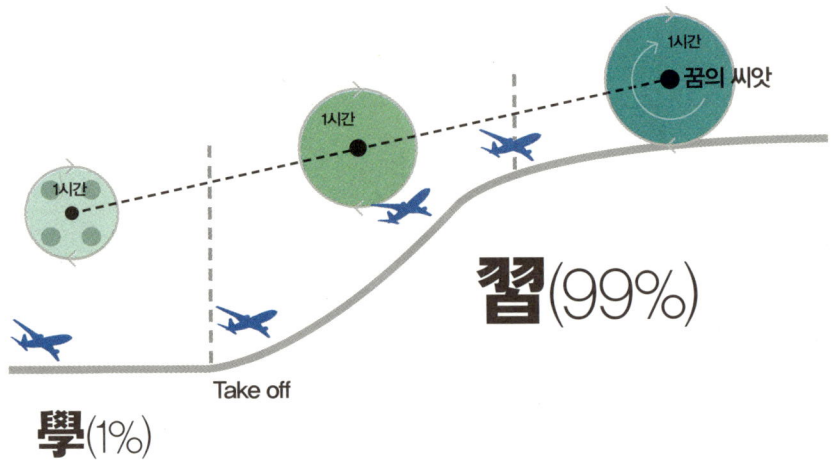

 오늘은 식당 문을 일찍 닫고 훈련하러 온 김씨 할머니의 말이었다. "다행입니다. 제가 며칠 전 제주도에 갈 일이 있어서 비행기를 탔습니다. 자리에 앉아서 안전벨트를 메고 이륙을 기다리고 있었답니다. 그러다 우연히 창밖을 봤어요. 비행기가 관제탑에서 정해준 활주로로 이동하고 있었습니다. 서서히 움직이던 비행기는 지정된 활주로 맨 끝에 섰죠. 이륙 허가를 받은 비행기는 속도를 올리더니 전력을 다해서 활주로를 달리기 시작했어요. 비행기 날개를 보고 전속력으로 달리고 있다는 사실을 알 수가 있었죠. 전속력으로 달리던 비행기가 바퀴가 접히면서 공중으로 뜨게 되었죠. 공중에 뜬 상태에서도 한참을 전속력으로 날아 올랐어요. 비행기는 저항을 받으며 높이높이 올라갔죠. 여기서 질문, 언제까지 이렇게 올라갔을까요?"

갑작스러운 질문에 사람들은 얼른 대답을 못 하고 두리번거리기만 했다. 그때 뒤쪽에서 한 목소리가 들렸다.

"아마도 제트 기류를 탈 수 있는 곳까지 올라갔을 겁니다. 그래야 편안하게 비행할 수 있거든요."

소원 아빠였다.

"오, 이렇게 금방 대답하실 줄은 몰랐네요."

진 원장은 웃으며 말을 이었다.

"맞습니다. 비행기는 일정 높이까지 올라간 후에는 전력을 다하지 않고 제트 기류를 이용하거나 자동항법시스템으로 운행해도 됩니다."

여기까지 이야기한 진 원장은 말을 잠시 멈추고 사람들을 자세히 쳐다보았다.

"진 원장이 또 시작했어. 우리보고 이게 무슨 의미인지 생각해보라고 하는구먼."

어떤 어르신의 장난기 담긴 말투에 모두가 재미있다는 듯이 웃었다.

"쩝 시너지 효과 얘기 아니여?"

한 할머니의 말이었다.

"어르신, 좀더 구체적으로 말씀해보세요."

진 원장이 웃으며 할머니 쪽을 쳐다봤다.

"그러니까 그게…, 제트 기류를 탈 때까지 익히는 훈련을 하면 나머지는 자연스럽게 된다는 말 아닌감?"

할머니는 아는 만큼 이야기를 했다.

"정확하게 핵심을 말씀하셨습니다. 저희 코칭센터에서 최고령 훈련생이십니다. 박수 부탁드립니다."

진 원장이 이어서 질문했다.

"비행기가 활주로를 달릴 때 전력질주를 하지 않으면 어떻게 될까요?"

"그야 당연히 이륙하기가 어렵지요."

또 다른 할머니가 대답했다.

"맞습니다. 비행기가 활주로를 달릴 때 전력질주를 하지 않으면 다시 활주로 처음으로 돌아가서 전력으로 달릴 준비를 해야 합니다. 또한 활주로를 달리는 동안은 비행기가 아무리 전력을 다해도 하늘을 날지는 못합니다. 다시 말해, 활주로를 달리는 시간과 거리 그리고 그 시간과 거리 때문에 생긴 속력이 확보되지 않으면 비행기는 이륙할 수 없습니다. 이처럼 학(學)이든 습(習)이든 그 시작은 전력을 다해야 합니다. 알아가는 과정이든 익히는 과정이든 간에 온 힘을 쏟지 않으면 다음을 기약하기가 어렵다는 말이죠. 이해되시나요?"

모두가 고개를 연신 끄덕였다. 소원 아빠도 진 원장의 설명에 빠져

들었다.

"활주로를 떠나 이륙을 시작한 시점과 제트 기류를 타기까지의 비행기는 어떨까요?"

2차 질문이었다. 사람들은 마치 퀴즈를 풀고 있는 느낌이었다. 모두 진 원장의 설명을 기다렸다.

"여전히 전력을 다한다는 점에서는 같습니다. 하지만 큰 차이점이 있습니다. 활주로에서는 바퀴로 땅의 마찰력을 이겨내야 했지만, 이 시점에서는 공기의 저항을 이겨내야 한다는 점입니다. 활주로의 마찰력과 공기의 저항에는 분명히 차이가 있습니다. 뭘까요?"

역시나 대답하는 사람이 없었다. 모두 골똘히 생각하는 모습이긴 한데, 정확히 무엇인지는 잡히지 않는 모양이었다.

"습관이 형성되기 전과 후의 차이라고 보시면 됩니다. 활주로의 마찰력은 습관이 형성되기 전이며 몸과 뇌가 모두 저항한다는 의미가 있습니다. 몸과 뇌는 새로운 습관을 좋아하지 않습니다. 그래서 사람들은 습관을 만들기 위해 전력을 다하지 않으면 다시 처음으로 돌아간다는 말입니다. 이륙을 했다는 말은 습관이 형성되었다는 의미라는 사실이 이제는 이해가 되실 겁니다. 그럼, 여기서 공기의 저항은 무엇일까요?"

갈수록 질문이 어려워지는 느낌이었다.

"목표에서 오는 어려움 같은 거 아닐까요?"

소원 아빠의 대답이었다.

"오, 여기 우등생이 계시는군요."

진 원장이 놀라움으로 쳐다보자 소원 아빠는 쑥스러우면서도 은근히 기분이 좋았다.

"그렇습니다. 목표에서 오는 어려움, 즉 목표 마찰력을 주의해야 합니다. 습관이 형성되었더라도 영어에 대한 정확한 비전이나 꿈을 설정해야 합니다. 그러지 않으면 보이지 않는 저항 때문에 습관이라는 추진력은 동력을 잃게 됩니다."

할머니 한 분이 혼잣말인지 질문인지 모를 말을 했다.

"그럼, 습관을 들여도 말짱 헛고생이라는 거 아녀?"

여기저기서 웃음소리가 들리는 가운데 진 원장도 한바탕 함께 웃고 나서 답변을 해주었다.

"꼭 그렇지만은 않습니다. 더 놀라운 말씀을 해드릴게요. 목표 마찰력이라는 것은 비전이나 꿈이 주는 저항이기 때문에 습관으로 극복하면서 일정한 수준에 도달하면 제트 기류로 바뀝니다. 즉 습관의 반복을 통해 비전이나 꿈에 대한 징검다리 목표들을 이루어가다 보면, 목표 마찰력이 정반대의 힘으로 변하면서 '비전 관성의 법칙'이 적용된다는 것이지요."

"이번에는 비전이 습관이 된다는 것인가요?"

말이 조금 어려운 것 같아 소원 아빠는 버릇처럼 짚고 넘어가고자

했다. 낯선 사람들 사이에서도 소원 아빠가 그렇게 질문을 할 수 있었던 것은 분위기가 무척 자유로웠기 때문이다.

"그렇습니다. 비전 관성의 법칙은 습관을 통해 목표를 이루면, 그 힘이 사라지지 않고 유지되면서 비전과 꿈을 향해 계속 가게 되는 것을 말합니다. 영어가 습관을 통해서 반복을 넘어 익힘으로 넘어가게 된다면, 그 순간부터 영어에 대한 비전이나 꿈은 멈출 수 없게 되는 거죠. 이런 원리가 어디 영어라는 한 분야에만 적용되겠습니까? 우리 인생사 대부분에 해당하는 말이기도 합니다. 인생의 꿈과 비전은 목표라는 저항을 만나게 되어 있습니다. 목표가 저항이 되지 않으려면 습관이 먼저 잡혀야 하겠죠. 이해되십니까?"

그 자리의 사람들은 오늘도 진 원장에게 생각할 주제 하나씩 선물 받았다. 영어 훈련이 시작되기 전에 들려주는 진 원장의 짧은 스토리 코칭은 삶의 경험이 주는 편견을 뒤엎는 강력한 힘이 되었다.

알파벳도 모르고 영어에 도전한 할머니 이야기

N이 첫 방문에서 소원 아빠는 느낀 바가 많았다. 단순히 비행기가 이륙하는 하나의 현상을 가지고 어떻게 영어와 인생이라는 자기계발적·철학적 관점을 동시에 설명할 수 있는지 놀라웠다. 이제까지 들어보지 못한 전혀 새로운 이야기였다. 스토리 코칭을 받은 모든 사람은 강력한 힘에 이끌려 자신의 기록을 갈아치우는 소기의 성과를 거두기도 했다. 훈련 시간이 끝났어도 삼삼오오 모여서 오늘 이야기를 화제 삼아 자신들의 이야기를 하는 분위기가 연출되었다. 그중에서도 유란주 할머니의 이야기는 모두에게 배움의 아름다움을 느끼게 해주었다.

유란주 씨는 초등학교만 간신히 졸업한 분이었다. 당시 가정 형편

상 여성들은 대부분이 공부할 기회를 얻지 못했다. 그나마 초등학교를 나온 것만도 다행이라 할 정도다. 그래서 유란주 할머니는 영어 알파벳조차 전혀 모른 채 삶을 살아왔다. 그렇게 오랜 세월을 보내면서 아들이 장가를 갔고, 며느리랑 함께 살면서 이런저런 고부간의 갈등을 겪게 되었다. 집에만 있으니 늘 서로 부딪히고 불편하다는 생각을 하며 지내다가 뭔가를 배우러 다니는 게 좋을 것 같다는 생각이 들었다. 무식한 시어머니라는 말은 듣고 싶지 않았다. 많은 고민 끝에 영어를 배워보기로 마음먹었는데, 어떻게 배울지가 너무 막연했다. 그러다 아들이 이런 어머니의 마음을 알고 수소문해서 코칭센터를 알아냈고, 이후 할머니의 인생은 180도 달라졌다.

 아들은 어머니가 영어 공부를 할 수 있도록 교육비나 교통을 책임져주었다. 8개월 정도 하면서 서서히 결과가 나타났다. 그즈음 온 가족이 해외여행을 갔는데 아들도 잘 못 알아듣는 영어를 할머니가 알아듣고 대답을 해주기도 하고, 이동하는 동안 외국인과 인사도 하고 거리낌 없이 지내는 것을 보고 며느리가 많이 반성했다고 한다. 그 후로는 며느리가 시어머니를 존경하게 되었고 아들과 며느리도 사이가 더욱 좋아졌다는 것이다.

 "알파벳도 잘 모른 상태에서 시작하려면 엄청 힘들었겠네."
 유란주 씨와 비슷한 연배로 보이는 할머니 한 분이 다정하게 말을 건넸다.

"제가 원장님을 만나서 하소연을 했지요. 영어를 정말 하고 싶은데, 저같이 아무것도 모르는 사람도 되는 거냐고요. 그때 원장님 말씀이 정말 가슴에 와 닿더군요."

"뭐라고 했는데요?"

두세 명이 동시에 물었다.

"대번에 '우리말 배울 때 자음 모음 다 알고 배우셨나요?'라고 하더군요. 우리말 배울 때 처음부터 자음 모음을 아는 사람은 없잖아요. 그러니 영어 배울 때 알파벳 모르는 것이 잘못되었거나 부끄러워할 일이 전혀 아니라는 거죠. 그 말을 듣고 힘이 났습니다."

"옳거니, 정말 그러네. 명답이구먼."

둘러싸고 있던 어르신들과 아주머니들이 박수를 쳤다.

"그래도 배우길 배워야 할 거 아닌감. 훈련은 어떻게 시작된겨?"

아까 '말짱 헛고생'이라며 우스갯소리 비슷하게 하시던 할머니의 질문이었다.

"당연히 철자가 갖는 소리와 발음부터 하나씩 훈련했지요. 'a(애), a(애), a(애), apple' 이런 식으로 발음과 단어를 혼합해서 훈련했어요. 파닉스 초급만 2개월 동안 하루도 빠지지 않고 했던 것 같아요. 입에서 단내가 날 정도였죠. 한 달 반 정도 초급만 했더니 서서히 짜증이 나더군요. 2~3분이면 다 할 정도가 됐으니 이제 다음 단계로 넘어가도 되지 않겠느냐고 했더니…"

할머니는 뜸을 들이듯이 주위를 한번 둘러보았다.

"그랬더니 돌아온 말이 '더 하세요'라는 거였어요."

"에구, 저런!"

역시 할머니들의 공감 능력은 상상을 초월한다. 추임새에 힘을 얻은 유 할머니가 말을 이었다.

"2주 정도만 더 해보시고 다시 이야기하자고 하길래 솔직히 그만하고 싶었지요. 더 해봤자 안 되는 거 아닌가 싶어졌죠. 고민을 하다 처음 마음을 생각해봤어요. 여기서 그만두면 어차피 원래대로 돌아갈 것이고 결국 영어를 영원히 못하고 말 것이라는 생각이 들더군요. 그래서 다시 2주를 그냥 했어요. 근데, 이때부터 묘한 일들이 생깁디다. 우선, 발음기호를 익히고 있는지 단어를 익히고 있는지 구분이 되질 않는 거예요. 철자의 발음기호가 나름의 법칙을 가지고 단어를 구성한다는 사실을 처음으로, 그것도 저절로 알게 되었단 말이죠. 나도 모르게 새로운 영어 단어를 보면 발음을 해보게 되고, 동시에 발음하면서 스펠링을 써보게 되더라니까요. 이런 행동이 언어를 훈련하는 본능적인 행위라는 사실을 손자들을 보면서 깨달았어요. 알파벳도 모르던 제가 알파벳을 하나씩 읽고 발음하기 시작하면서 어휘력도 하나씩 향상되고 있었던 거죠."

할머니는 자신의 생각을 최대한 잘 설명하려고 노력했다.

"이렇게 파닉스 초급을 두 달 정도 하고 나서 원장님과 대화를 하게 되었어요. 제가 훈련하는 모습을 본 원장님이 발음기호와 단어의 관계를 입이 비로소 이해했다면서 단어 훈련을 시작해도 될 것 같다고 하더라고요. 쉽게 말해서 뇌와 입이 이제야 비로소 영어를 받아들일 준비가 되었다는 뜻이었죠."

"그 뒤로 단어 훈련은 효과가 있던가요?"

"있다마다요. 단어를 빨리 읽는 데 정말 많은 도움이 되었지요. 발음기호를 익히고 단어를 받아들일 준비를 함께 갖추는 기초 훈련을 했으니 당연한 결과라고 봐요. 나중에 알고 보니 처음 2개월이 제 영어 훈련에 큰 기반이 되었더라고요."

함께 이야기를 듣던 어르신들과 주부들은 기초 훈련의 중요성을 새삼 느꼈다.

소원 아빠는 영어를 통해 가정의 문제도 해결되었다는 얘기에 공감이 갔다. 자신의 집도 소원이가 영어에 자신감을 가지면서 평화가 찾아오지 않았는가. 소원 아빠는 몸은 피곤했지만, 너무나 소중한 시간이었다는 생각에 행복했다. 그리고 자신의 영어 비행기를 이륙시켜서 제트 기류에 편승하도록 해야겠다는 다짐도 해보았다.

소원 아빠의 맞춤 훈련

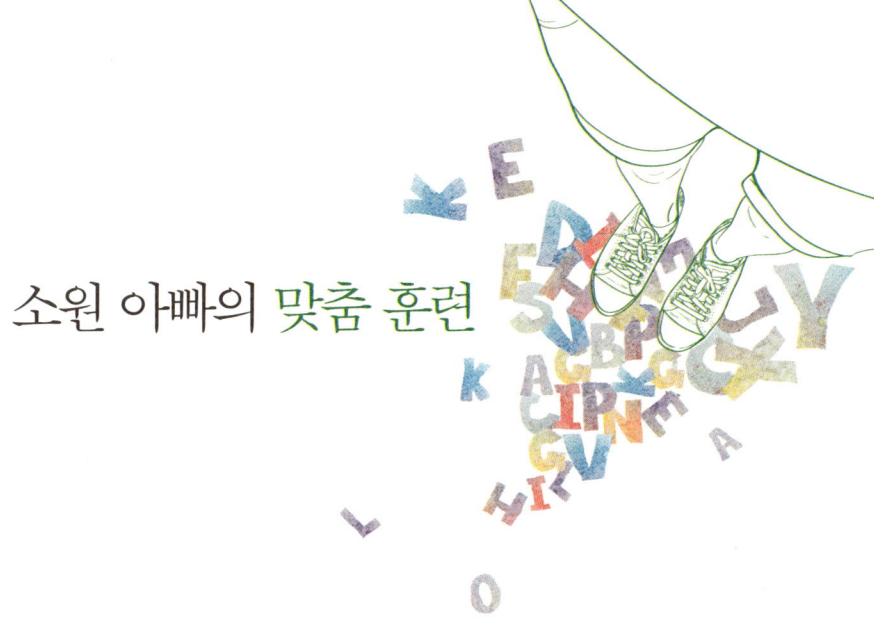

소원 아빠는 새벽 5시면 어김없이 식탁에 앉아서 One-day English 훈련을 시작한다. 감기 기운이 있거나 늦은 퇴근으로 새벽 한두 시에 집에 오더라도 늘 5시면 일어나서 훈련을 했다. 전력질주를 해야 하는 단계에서 그 시기를 놓치면 끝이라는 심정으로 하루도 빠뜨리지 않았다. 그 덕에 훈련을 받는 성인들 중에서 누구보다 훈련량도 많았고 효과도 잘 드러났다. 진 원장과도 자주 대화를 나누었으며 자신에게 맞는 훈련 방식을 찾고자 많은 시도를 했다. 그 결과 자신만의 훈련 요령을 발견했다.

직장생활을 해야 하기에 매번 전체 과정을 하기에는 상당히 무리가 있었다. 시간 운영에서 선택과 집중을 잘 해야 하는 처지였다. 그래서 자투리 시간을 활용해서 부분 훈련을 할 수 있도록 구성했다. 파닉스, 단어, 회화, 자기만의 문장 쓰기 부분들을 자투리 시간을 정해서 별도로 하나씩 훈련한 것이다. 특히나 점심을 먹고 나서 남는 30여 분의 시간은 단어 훈련을 하기에 안성맞춤이었다. 어차피 식사를 하고 나면 졸음이 몰려오는 시간이라 큰 소리로 떠들다 보면 졸음도 쫓을 수 있어서 일석이조였다. 상대적으로 시간이 많이 소요되지 않는 문법과 회화는 버스나 지하철을 타고 이동할 때 틈틈이 훈련했다. 퇴근 시간이 되면 남들보다 20분 정도 늦게 퇴근하면서 자기만의 문장 쓰기 훈련을 했다. 이렇게 자투리 시간을 활용하여 부분 훈련을 하면서 반드시 훈련 일자와 기록을 남겼다. 매일 기록을 깨야만 하는 이유를 찾기 위한 일종의 자기 암시이기도 했다. 이렇게 부분 훈련을 하고 나서 다음 날 새벽 5시부터 한 시간은 전체 훈련 시간으로 정했다.

 소원 아빠는 부분 훈련이 전체 기록 경신에 어떻게 영향을 미치는지 매일 확인하면서 훈련 과정을 스스로 점검했다. 그리고 주말이면 시간을 내 코칭센터를 방문해서 훈련도 하고 진 원장이나 폴 코치를 만나서 자신이 미처 생각하지 못한 부분에 대한 코칭을 받았다. 소원 아빠는 IT 분야에 종사하면서 기술이 가지는 의미를 누구보다 잘 이해하고 있었다. 영어를 정말 기술적인 측면으로 상세하게 접근하여 2주 만에 초급 단계를 넘어섰고, 한 달이 안 된 상황이지만 벌써 중등 단계 훈련을 시작했다.

소원이와 엄마는 놀라지 않을 수 없었다.

"그것 봐. 아빠가 한번 한다면 하는 사람이라고 했지. 기술자 입장에서 영어를 기술로 익힌다는 것이 얼마나 명쾌하게 이해가 되던지, 아빠는 영어가 입에서 날아다니고 있어."

아빠는 자신의 훈련 방식을 설명하면서 확신에 찬 목소리로 말했다.

"그럼 이제 우리 가족의 꿈이 실현되는 건 시간 문제네."

소원이네 가족은 영어로 생겼던 서로의 갈등이 영어로 치유되는 놀라운 현상을 직접 경험하게 되었다.

소원이네 가족 모두가 영어의 즐거움을 경험하게 되었고 가족 모두가 One-day English 훈련을 한다는 것이 주변에 점차 알려졌다. 이와 함께 가족 단위로 영어 훈련을 하고 싶어 하는 가정이 늘어났다. 안성이라는 작은 도시에 영어의 새 바람이 불기 시작한 것이다.

새 학교에서의
첫 번째 영어 듣기평가

새 고등학교에서 소원이는 큰 탈 없이 무난한 생활을 해나갔다. 물론 One-day English 훈련도 충실하게 하고 있었다. 모든 것이 잘되고 있는 것 같았다. 시험 이야기가 나오기 전까지는 말이다.

소원이는 학기 초 영어 듣기평가 시험을 치르게 되었다. 걱정이 몰려오기 시작했다. One-day English는 아직 중학교 수준인데, 듣기평가는 고등학교 수준이라 분명히 성적이 좋지 않을 것 같았다.

시험날짜가 다가오자, 걱정은 불안감으로 변했다. 꾸준히 하던 One-day English 훈련도 제대로 되지 않았다. 엄마도 덩달아 걱정이 되었다.

"소원아, 우리 산책하자."

엄마의 권유에 마지못해 함께 나와 뒷동산을 걷기 시작했다. 봄의 향기가 바람을 타고 코끝을 간지럽혔다. 가끔씩 보이는 노루가 먹이를 먹다 사람을 보고 깜짝 놀라서 달아나는 모습도 평화롭기만 했다. 둘은 20여 분을 말없이 함께 걸었다. 소원이는 신선한 공기를 마셔서 그런지 기분이 조금 나아졌다.

"소원아, 엄마는 이제 우리 딸이 불안해하지 않아도 된다고 생각해. 예전처럼 성적을 가지고 스트레스를 주고 싶지는 않거든. 혹시 엄마나 아빠 때문에 더 신경이 쓰인다면 그런 걱정은 하지 않았으면 좋겠어. 그리고 엄마는 이곳에서 우리 딸이랑 새로운 삶을 시작했다고 생각해. 힘들지만 도전을 위해 선택한 이곳에서, 우리 모든 것을 함께 풀어가자. 특히나 영어는 새로운 훈련 방식으로 우리 경험들이 차근차근 쌓여가고 있으니까 언젠가는 영어 시험에서도 좋은 결과가 나올 거라 생각해. 엄마도 소원이랑 영어를 하면서 영어에 대한 소원이 조금씩 실현되고 있다는 생각이 들거든."

"엄마…!"

소원이는 엄마가 무척 고마웠다. 즐겁게 영어를 익혀가던 자신의 모습을 믿어보기로 했다. 그 외에는 별다른 방법이 없었다. 한결 가벼운 마음으로 엄마 손을 잡고 어깨에 기대며 가던 길을 계속 가보자는 결심을 했다.

드디어, 영어 듣기평가를 하는 날이었다. 모두 자리에 앉아서 시험지를 기다리고 있었다. 소원이는 긴장을 풀기 위해 잠시 눈을 감았다. 이런저런 생각들이 파도처럼 밀려왔다 사라지곤 하면서 문득 One-day English 훈련을 하는 자신의 모습이 떠올랐다. 빠른 속도로 큰 소리로 읽기 훈련을 하는 자체가 수없이 듣기 연습을 하는 상황이었음을 상기했다. 지난 몇 달간 이전 어느 때보다 듣기 훈련을 많이 했다는 확신이 생겼다. 소원이는 스스로에게 '자신의 경험을 믿자'라고 주문을 걸었다.

스피커에서 안내방송이 나오면서 영어 듣기평가가 시작되었다. 긴장했던 소원이는 초반 문제들이 생각보다 쉬워서 긴장이 조금씩 기대감으로 변했고 영어가 더 잘 들리기 시작했다. 줄곧 문제가 쉽다는 생각이 들었지만 첫 듣기평가가 무난한 수준이라서 무척 다행이다 정도로 여겼다.

20문항의 듣기평가를 마치자 모두 삼삼오오 모여서 정답이 뭔지 확인하느라 분주했다. 안성에서 '공부' 하면 알아주는 윤아에게 아이들이 몰려 있었다. 제각기 자신이 어려웠던 문항에 대한 정답을 알려달라며 윤아만 바라보고 있었다. 많은 아이들이 영어 듣기를 그렇게 잘 치르지 못했다는 것을 이곳저곳의 탄식으로 느낄 수가 있었다.

그런데 윤아도 확신하지 못하는 문제가 있는 듯했다.

"17번 문제는 나도 도저히 모르겠더라. 예시문도 너무 빨랐고 질문도 사고력을 요하는 거라서 확실하지가 않아."

"그래? 윤아가 모르면 이 문제는 아무도 모르겠네. 찍기의 신이 몇 번을 점지하느냐에 달려 있군."

한 아이의 말에 웃음소리가 터지면서 모두 동조하는 분위기였다. 소원이는 17번 문제가 그렇게 빠르거나 어려운 질문 같지 않았다. 그래서 옆에 있던 짝꿍, 지윤이에게 톡 던지듯 말했다.

"17번 문제는 일제 강점기에 일본의 만행을 국제사회에서 어떻게 풀어가면 좋은지에 대한 내용이었는데. 질문은 논평가가 주장한 근거와 관계가 없는 것을 찾으라는…."

소원이가 흘러가듯 던진 말이었다. 지윤이가 소원이를 빤히 쳐다보았다.

"소원아, 그 내용이 다 들렸어?"

지윤이가 자신도 모르게 큰 소리로 물었다. 순식간에 아이들의 시선이 그쪽으로 쏠렸다. 소원이는 순간 어찌할 바를 몰랐다.

"그래서 답이 몇 번이야?"

아이들의 시선이 부담스러웠다.

"음…. 정확한지는 모르지만, 2번이 논평가가 언급하지 않은 근거였어."

2번을 선택한 아이들은 환호성을, 다른 번호를 선택한 아이들은 한숨을 쉬었다. 아이들의 반응이 오가는 사이 윤아는 소원이를 바라보고 있었다. 경쟁자로 인식하는 듯했다. 소원이는 다른 생각보다 자신이 영어 듣기평가를 무사히 치른 것이 대견했고 듣기 훈련이 자연스럽게 많이 되었다는 사실에 감사했다. 영어의 첫 고비를 잘 넘긴 셈이었다.

물고기를 낚는 기술

소원이는 즐거운 마음에 수업을 마치고 곧장 코칭센터로 향했다.

"안녕하세요, 폴 코치님. 원장님 계세요?"

소원이의 밝은 목소리에 폴 코치도 하던 일을 멈추고 반갑게 맞아 주었다.

"원장님은 지금 학부모님들 코칭 중이시지. 근데 우리 소원이가 기분이 많이 좋아 보이네?"

"딩동댕! 지난 수년 동안 영어로 인한 스트레스가 엄청나게 많았는데, 오늘 영어 듣기평가를 하면서 한 방에 날렸거든요. 하하, 그건 좀 과장이고, 상당한 희망을 갖게 됐어요. 제가 듣기를 이렇게 자신

있게 본 적이 없었는데 가능성을 본 것 같아서요. 이 기분을 함께 나누고 싶어서 집에 가는 길에 이렇게 들렀답니다. 그리고 여기서 훈련하고 집에 가려고요."

소원이의 환한 웃음에 폴 코치도 기분이 좋았다.

"그럼, 막간을 이용해서 우리 소원이가 훈련했던 걸 한번 볼까?"

"무공을 수련하던 제자가 스승 앞에서 시범을 보이는 것 같아요."

소원이도 싫지 않은 듯 One-day English 훈련을 할 준비를 마쳤다. 폴 코치는 스톱위치를 가지고 왔고 소원이는 준비가 되었음을 눈빛으로 알려주었다. 폴 코치의 구령과 함께 소원이는 신들린 속도로 영어 단어를 읽어나갔다. One-day Magic Tree Grammar를 거쳐 자기만의 1000문장 쓰기까지 완주했을 때 시간은 54분 10초였다. 나쁜 기록이 아니었음에도 소원이는 아쉬워하는 눈치였다.

"한 시간 안에 들어온 건데 기록이 마음에 안 들어?"

"네. 집에서도 비슷한 기록이 나오는 것 같아요. 최근에 영어 듣기 평가 때문에 신경을 좀 덜 쓴 것도 있지만…. 50분대 초반이 되면 고등 수준으로 넘어가고 싶거든요."

"어느 부분이 개선되면 그렇게 될 수 있을까?"

폴 코치가 진지하게 물었다.

"뭐, 그냥 더 열심히 속도를 올리려고 하다 보면 되지 않을까요? 늘 그렇게 해서 기록을 단축시켰으니까요."

소원이는 그저 열심히 하는 길밖에는 없다고 생각했다.

"소원아, 혹시 발음기호 차트 가지고 있니?"

"네."

"그럼 지금부터 발음기호를 다시 한 번 읽어볼래?"

소원이는 발음기호를 왜 다시 하나 싶은 생각이 들기는 했지만, 일단 무조건 해보기로 했다. 발음기호 읽기 기록을 확인한 폴 코치는 원인을 알아낸 듯했다.

"소원아, 발음기호는 단어를 구성하는 요소 간의 결합법칙을 알게 해줘서 영어 철자의 장기기억에 도움을 준단다. 그뿐 아니라 단어의 조합 능력을 향상시키기도 하지. 정말 중요한 역할을 하지 않니? 그런데 이 기능이 빠른 속도에 익숙해져 있다고 생각해봐. 어떤 일이 벌어질까?"

"코치님 말씀대로라면, 영어 철자를 기억하는 능력이 더 좋아질 것이고 단어의 조합 능력도 당연히 향상되겠네요."

소원이는 대답을 하다 보니 왜 발음기호를 다시 하게 되었는지 이유를 알 것 같았다.

"그렇군요! 코치님이 무슨 말씀을 하려는지 알 것 같아요. 비록 제가 발음기호를 5분 안에 주파하기는 했지만, 온전히 제 것이 아닐 수 있다는 생각이 드네요. 왜 원장님이 코칭이 필요한 시점이 되었다고 하셨는지 감이 오네요. 역시 오늘 여기 오기를 잘한 것 같아요."

다섯째 마당: 챕 시너지 효과를 누려라

"세계적인 교육 선진국들을 보면 교육의 지향점이 '물고기를 낚는 기술'을 익히도록 하는 데 맞춰져 있지. 핀란드의 공교육 육성 과정이나 유대인들의 독서 교육이 좋은 예라고 할 수 있어. 이러한 국가 교육 시스템은 바로 교사나 부모 모두가 코치의 입장에서 접근한다는 것이 큰 특징이야. 우리나라에서는 주입식 교육이나 사교육을 주로 하다 보니 스스로 알아가고 터득하는 과정이 생략되어버렸지. 그러면서 학습의 주체자가 아니라 수동적 학습자로 교육을 받아들이게 되었어. '물고기를 낚는 기술'을 습득할 기회를 많이 놓치며 사는 것 같아."

"맞아요. 학교에서는 영어를 배울 때 늘 설명을 듣기만 했고, 학원에서는 문제풀이만 했어요. 그랬던 제가 영어를 직접 익히는 과정을 거치면서부터 모든 것이 제 것이라는 확신이 들었어요. 제 시간과 경험 그리고 입술이 그것을 증명해주니까요. 그런 의미에서 코칭은 정말 중요한 것 같아요. 만약에 혼자 했으면 오늘처럼 발음기호를 좀더 훈련해야 한다는 사실을 모른 채, 비효율적인 훈련을 계속했겠죠."

소원이에게 영어가 점점 작아지기 시작했다. 넘지 못할 큰 산처럼 느껴졌던 영어의 산이 어느덧 언덕을 넘어가듯 수월하게 넘어가고 있다는 느낌이 들었다. 내일도 코칭센터에 들르겠다는 말을 남기고 소원이는 집으로 향했다. 개선점을 발견했다는 사실에 흥분되었다.

집에 들어서자, 익숙한 소리가 들렸다. 엄마가 One-day English에 열중하며 훈련하고 있었다. 얼마나 몰입하고 있는지 소원이가 들어오는 소리조차도 듣지 못했다. 소원이가 조용히 자기 방으로 들어가려고 하는 순간, 엄마가 환호성을 질렀다.

"와아, 드디어 해냈다. 58분이야, 58분! 야호!"

마치 히말라야 정상에라도 오른 것 같은 외침이었다.

"깜짝이야! 엄마, 동네 사람들이 놀라 쫓아오겠어. 근데, 58분 만에 다 한 거야?"

"그래, 소원아. 내가 말이지, 이걸 한 시간 안에 다 했단다 글쎄."

엄마는 어린아이처럼 정말 기뻐했다. 학창 시절에 영어 성적이 좋지 않았기 때문에 살아생전에 자신의 입에서 영어 단어가 튀어나올 일은 없을 거라고 생각했다. 그래서 '영어 콤플렉스 대물림'만큼은 끊고 싶었던 욕심이 소원이를 '영어의 덫'으로 몰아넣기까지 했다. 자신의 결핍을, 과거의 아킬레스건을 날려버린 기분이었다. 눈가에는 눈물이 맺혀 있었다.

"엄마…?"

"엄마 주책없지…. 우리 딸한테는 말을 못 했지만, 엄마도 영어의 무게에 짓눌려 가슴 한구석이 늘 답답했거든. 오늘 이 기록은 엄마한텐 기록 이상의 의미가 있는 셈이야. 영어에 대한 꿈이 열매가 될 수 있다는 소중한 경험이니까."

엄마가 얼마나 영어에 대한 갈증을 안고 살아왔는지 알 것 같았다.

"엄마, 우리 내일부터는 매일 코칭센터에 가서 훈련하자. 오늘 영어 듣기평가도 보고 해서 갔다 왔는데, 내가 몰랐던 중요한 부분을 발견하게 해주셨거든. 우리의 훈련 과정을 매일 코칭받으면 더 빠르게 영어 기술을 익힐 수 있을 것 같아."

엄마도 탄력받은 상태를 계속 유지하고 싶었다.

"그러자. 이제 미국 사람 만나면 영어로 말을 걸어봐야지 싶은 거 있지?"

아이가 처음 글자를 알기 시작하면서 책이나 간판을 읽고 싶어 하는 충동을 느끼는 것과 같은 기분이었다. 어느덧, 모녀에게는 새로운 희망의 싹이 피어나고 있었다.

물이 끓으면
어떤 일이 일어날까

등교할 때마다 기분 좋은 것이 몇 가지 있다. 흙내음을 맡을 수 있다는 것과 학교가 자연에 묻혀 있어서 각종 동식물을 만날 수 있다는 것이다. 자연의 소리 덕분에 마음이 풍요로워진 것 같기도 했다.

하루 수업이 끝나고 종례시간, 담임선생님이 교실에 들어왔다. 선생님 손에는 얼마 전에 영어 듣기평가를 했던 결과표가 있었다. 선생님은 주위를 한번 둘러보고 발표를 하기 시작했다.

"지난번에 평가했던 영어 듣기 결과가 나왔다. 이소원!"

"네."

"이번에는 소원이만 만점을 받았네. 전학 와서 모든 게 어색할 텐데 좋은 결과가 나왔구나. 축하한다. 모두 박수로 축하해주자."

소원이는 얼떨떨했다. 영어 듣기가 만점이라는 말이 실감이 나지 않았다. 박수 소리도 아이들의 환호성도 아무것도 들리지 않았다. 그저 스스로에게 박수를 쳐주고 싶었다. 소원이는 벅찬 기분으로 학교를 마치고 엄마와 함께 코칭센터로 달려갔다. 소원 엄마도 코칭센터에 진심으로 감사를 전하고 싶었다. 소원이는 현관에 들어서면서부터 소리쳤다.

"원장님! 코치님! 제가 영어 듣기 만점을 받았어요."

진 원장은 눈을 크게 뜨면서 놀라움과 기쁨을 표현했다. 폴 코치도 뒤따라 뛰어나오면서 함박웃음을 지었다.

"축하한다, 소원아!"

"해냈구나, 우리 소원이가!"

네 사람은 상담실에 자리를 잡고 이야기를 나누었다.

"이런 것들이 조금씩 물의 온도가 올라가고 있다는 증거란다."

"네? 물의 온도라고요?"

"일반적인 상황에서 물은 100℃가 되면 끓게 되어 있지. 우리는 물의 온도가 점점 올라가고 있다는 사실을 못 느낀 채 흘러가는 경우가 많은데, 정말 간절하게 바라고 희망했던 것들은 자신의 에너지가 머물러 있던 곳이라 온도가 올라가고 있다는 사실을 느낄 수 있어. 우리 소원이도 그런 것으로 보이는구나."

다섯째 마당: 쨉 시너지 효과를 누려라

"맞아요, 원장님. 저는 영어의 결핍을 해결해야만 했으니까요."

"그렇지. 소원이는 물이 끓으면 무슨 현상이 발생한다고 생각하지? 그리고 100℃가 되는 것과 소원이가 하고 있는 영어 훈련은 무슨 연관이 있을까?"

"물은 100℃가 되면 끓어서 수증기가 되지요. 영어 훈련하는 것과의 관계는 잘 모르겠지만 더 잘하게 된다…, 이런 거 아닐까요?"

말을 해놓고도 자기 답변이 부족하다고 생각됐는지 소원이는 진원장의 얼굴을 쳐다보며 얼른 설명해달라고 조르는 듯한 표정을 지었다. 소원 엄마도 덩달아 재촉했다.

"물의 끓는점은 100℃입니다. 100℃가 되기 전까지 물의 온도는 올라갑니다. 물의 상승 온도는 온도계가 없으면 알 수가 없고 물이 끓어야 비로소 100℃가 되었다는 사실을 인지하게 되죠. 우리의 모든 기술이 이와 같습니다. 어떤 기술을 익히는 과정에는 늘 에너지가 집중되기 마련입니다. 그 에너지는 기술의 완성도를 높이는 중요한 역할을 하게 되고요. 그렇다면 기술이 완성되었는지를 언제 알 수 있느냐 하는 것이죠. 그 지점이 물의 끓는점이죠. 물은 끓는점에 도달하면 비로소 액체가 기체로 바뀝니다. 이를 기화라고 하죠? 액체 상태에서는 분자들 사이의 인력 때문에 도망칠 수가 없죠. 그러나 끓는점에 도달하면 인력이라는 힘은 사라지고 맙니다. 인력으로부터의 자유를 얻는 것이 기체가 되는 현상입니다."

거기까지 설명을 들은 소원이는 진 원장이 무슨 이야기를 하려는 것인지 이해할 수 있었다. 물이 끓는 것과 영어 훈련의 관계에 대해서 말이다.

"원장님 말씀을 정리해보면 영어의 기술을 끓는점에 도달하도록 익히다 보면 영어의 법으로부터 자유로워진다는 말씀이 아닌가 싶어요. 즉, 영어를 자유자재로 구사하게 된다는 말씀이라는 생각이 듭니다. 맞죠!"

소원 엄마는 소름이 돋았다. 액체가 기체가 되기 위한 조건과 영어 초보가 영어 달인이 되는 조건이 같은 것이었다니.

"100℃가 되기 전에 물의 온도가 올라가는 것은 영어의 기술에서 조금씩 단계가 올라가는 현상과 같은 거네요. 100℃가 되었다는 사실을 아는 길은 기술의 완성과 연관이 있고요."

"그래서 물의 온도를 확인하기 위해서, 혹은 100℃까지 가기 위해서 온도계가 필요하듯 영어 기술의 달인이 되기 위해서 이끌어줄 코치가 반드시 필요한 것입니다. 자신이 영어 달인이 되기 위해서 어디까지 왔는지 확인해야 하니까요. 코치는 기술 전체를 볼 수 있는 눈과 관련 기술의 경험 그리고 꿈을 간직하도록 도와주는 사람이지, 스스로가 많은 지식을 갖추고 있는 사람이 아닙니다. 코치의 도움으로 자신의 위치를 알아가지만 최종 확인은 자기 스스로 하게 됩니다. 하지만 그 전까지 자신이 얼마나 훈련하면 되는지 스스로 판단하기가 어려운 경우가 많습니다. 그래서 세상에 달인이 많지 않았던 거지요."

그렇게 애를 먹던 영어로부터 자유로워질 수 있다니, 소원 엄마는 생각만으로도 아찔하고 짜릿했다. 자신이 날개를 활짝 펴고 하늘을 나는 모습이 상상되었다.

"저희가 이사 온 지 이제 겨우 4개월째 되어가고 있습니다. 서울에서 4개월이면 학원에 과외에 발 동동 구르며 쫓아다녔겠지만 자신의 것이라곤 아무것도 갖지 못한 채 남들이 가르쳐주는 것만 배우고 말았을 겁니다. 아무런 만족도 없이 말이예요. 하지만 저희는 지금 이곳에서 정말 엄청난 경험을 하고 있습니다. 단지 영어 기술을 익히는 것만이 아니랍니다. 이런 법칙이 영어에만 적용되는 것이 아니라 삶의 자세에도 그대로 활용할 수 있다는 것을 깨달아가고 있어요."

"맞습니다, 소원 어머님. There is nothing new under the sun. 해 아래 새것은 없는 거죠. 예전에 있었던 것이 지금도 있는 것이고 지금 있는 것이 앞으로도 있을 뿐입니다. 자연은 이미 우리가 세상을 살아가는 법을 다 알려준 겁니다. 그저 발견하고, 그것을 생각과 삶에 적용하면 되는 것이죠. 첩 시너지 효과는 결국 시간과 속도를 기본으로 반복이라는 과정을 거쳐서 익힘을 만들어내는 것입니다. 그리고 그 익힘의 패턴을 만들어내는 것이 습관입니다. 모든 것은 처음부터 끝까지라는 기본 원칙만 잊지 않으면 됩니다."

폴 코치의 이야길 듣고 소원이가 상기된 얼굴로 말했다.

"저, 이제 뭐든 할 수 있을 것 같아요."

소원이와 엄마는 이보다 좋을 수 없었다. 두 분의 조언에 감사 인사를 드리고 강의실로 이동했다. 그러고는 어느 때보다 진지하게 온 에너지를 집중해서 임계점을 향해 One-day English 훈련을 시작했다.

마지막 단계의 정체를
극복하는 요령

어느덧 6개월이라는 시간이 흘렀다. 그간 소원이와 엄마는 코칭센터에서 맹훈련을 계속했다. 센터 현관에 들어서면서부터 단어를 읽기 시작해 One-day English 전체를 숨 가쁘게 읽어간다. 코칭센터에 있는 모든 학생은 학년도 레벨도 없다. 모두가 자신만의 One-day English 교재를 가지고 훈련할 뿐이다. 처음 온 학생들도 알든 모르든 무작정 따라 읽기부터 시작한다. 하지만 전혀 스트레스를 받지 않았다. 내일 또 할 것이라는 사실을 알기 때문이다. 분명한 것은 누구도 쉴 틈이 없다는 것이다. 모든 것이 자신이 해야만 하는 훈련의 과정이었다. 코치가 바뀌든 학부모가 구경을 오든 자신의 기록을 갈아치우기 위해 속도감 있게 큰 소리로 읽어내는 것이다. 3개월 이상 훈련을 거듭한 이들은 자연스럽게 영어가 흘러나왔다. 남녀노소 할 것 없이 모두가 영어로 대화할 수 있었다. 그중에는 소원 엄마도 끼어 있었다.

소원 엄마는 요즘 코칭센터에 와서 영어로 이야기하는 것이 즐겁다. One-day English 중급을 마쳤을 뿐인데, 영어가 입에서 술술 흘러나오는 것이 마냥 즐거운 것이다. 어르신들과 함께 대화하다 보면 서로 영어를 빨리 말할 수 있다며 시합을 하는 재미있는 풍경이 펼쳐지기도 한다. 코칭센터에 있는 모든 남녀노소는 영어를 즐기고 있었다.

소원이는 얼마 전부터 마지막 단계의 One-day English를 훈련하기 시작했다. 여러 번의 시행착오를 거치면서 발음기호와 단어들의 훈련량이 충분히 진행되었기에 단계를 올린 것이다. 단계가 올랐음에도 기록 단축이 수월하게 이루어지고 있었다. 수능 5500단어가 한 시간이면 충분히 읽혔다. 나머지 One-day Magic Tree Grammar, 생활영어, 영어 도서, 자기만의 1000문장 쓰기까지 마치면 1시간 20분 정도가 걸렸다. 놀라운 속도였다. 폴 코치는 소원이의 기록을 보고 20분을 단축하기 위해 one point lesson을 시작했다.

"마지막 단계까지 오는 데 총 10개월이면 엄청난 기록이라고 생각해. 지금까지 하면서 실제로 어떤 도움이 되었는지 말할 수 있겠니?"

"가장 큰 변화는 영어는 기술이라는 개념을 제가 이해하고 받아들였다는 거예요. 그래서 익히면 점점 쉬워진다는 사실을 알게 되었고, 실제 훈련 수준도 많이 좋아졌습니다."

"그래, 우리가 봐도 소원이는 발전을 거듭하고 있는 것 같아. 이제 마지막 단계에서 조금만 요령을 익히면 될 것 같아서 알려주려고 해."

소원이는 무척 기대가 되었다.

"단어 훈련할 때 사용했던 3·1·1 패턴에 변화를 주는 거야. 2·1·1 패턴으로 반복하면 될 것 같아."

폴 코치는 순진한 청년처럼 웃고 있었다.

"코치님, 이건 너무 요령 피우는 것 아닌가요? 당연히 세 번 읽던 단어를 두 번으로 줄이면 시간이 단축되겠죠. 근데, 이런 식으로 단축시키는 거라면 진작부터 이렇게 하라고 알려주셨으면 됐을 텐데…"

엄청난 요령을 기대했던 소원이는 의외의 방법에 김이 새는 느낌이었다.

"눈 가리고 아웅 하는 것 같다고 말하고 싶은 거구나. 하지만 이 단계까지 오기 전에 이런 요령을 미리 알려주었다면 진작에 사용했을 거야. 그러면 기록을 경신하기 힘들었겠지. 마지막 단계에서 써먹을 최후의 보루로 남겨둔 셈이지. 여기까지 오기 위해서 얼마나 많은 단어가 수없이 반복되면서 소원이의 뇌 속에 자리를 잡았겠어. 이제 소원이 뇌에는 시냅스가 엄청나게 형성되어 영어 뇌가 작동하고 있기 때문에 반복 횟수가 줄어도 충분히 자기 것으로 만들 수가 있어."

"아하, 그렇네요. 바로 해볼게요. 요령을 알았으면 곧장 실천을 해야지요."

소원이는 다시 시간을 재며 훈련하기 시작했다. 3·1·1로 하던 것을 2·1·1로 하니 페이지가 순식간에 넘어가는 느낌이 들었다. 당연히 기록도 경신되었다. 마지막 단계의 훈련을 한 시간 만에 완주했다.

소원이에게 영어는 이제 두려움의 대상이 아니었다. 말하기는 기본이며 글쓰기까지도 거침없이 이뤄졌다. 2학기 중간고사에서도 만점에 가까운 점수를 받았다. 원어민 앤드류 선생님과 대화할 때 웬만한 내용은 모두 영어로 할 수 있게 된 것도 소득 중 하나였다. 그뿐만이 아니다. 영자신문을 빠른 속도로 읽거나 아리랑TV 방송을 무리 없이 들을 수 있게 됐다. 10개월 전의 소원이라면 상상도 못 할 변화다.

고2 생활도 이제 얼마 남지 않았다. 소원이는 One-day English 훈련의 핵심인 '쩗 시너지 효과'를 모든 교과 학습에 적용해갔다. 그러면서 학업 성적도 상위권을 차지하게 되었고 점차 자신감도 커졌다. 영어 하나를 해결하면서 삶 전체를 튜닝하는 셈이 되었다.

영어의
대중화를 꿈꾸다

고3 수능시험장.

소원이는 수능시험 외국어 영역 시험을 치르고자 준비를 하고 있었다. 쉬는 시간에 단어 5500개와 기출 문제 오답 노트를 순식간에 훑어보았다. One-day English 마지막 단계의 훈련 교재를 1년 동안 하루도 거르지 않고 익히다 보니, 이제는 책을 보지 않고도 단어나 문장들이 입에서 폭풍처럼 나오게 되었다. 시험 성적을 위해서 영어를 익힌 것은 아니다. 그렇지만 어느 정도 경지에 이르면서 내심 성적이라는 결과물에서도 성취감을 맛보고 싶다는 생각이 들었다.

시험지와 OMR 답안지를 받았고 듣기 문제부터 시작되었다. 우리말을 듣듯 너무나 쉬웠다. 소원이 자신의 발음소리를 셀 수도 없을 만큼 들으면서 자연스럽게 듣기 훈련이 된 덕분이다. 더욱이 아리랑 TV를 시청하면서 평소 대화보다 빠른 속도의 대화를 듣는 훈련을 자주 한 터라 어렵지 않게 해결할 수 있었다. 아무리 긴 문장들도 대수롭지 않았다. 질문을 이해하고 핵심 키워드를 표시하면서 빠른 속도로 읽으며 답을 찾았다. 모든 문제를 풀고 나서 시간을 보니 시험 종료 5분 전이었다. 시간에 쫓기며 문제풀이에 여념이 없는 다른 학생들에 비해 소원이는 여유가 있었다.

수능을 무사히 치르고 집으로 돌아가는 길에 문득 드는 생각이 있었다. '남들보다 익숙하게 하는 것이 있다면 그것이 기술로 보일 수도 있겠다' 하는 것이다. 수능을 치르고 나자, 고3의 모든 과정을 마친 기분이 들었다.

소원이와 엄마는 시험장에서 곧장 코칭센터로 갔다. 진 원장과 폴 코치는 늘 그랬듯이 상담실에서 창 너머 자연을 보며 녹차를 마시고 있었다. 소원이가 밝은 목소리로 인사를 하며 들어섰다.

"안녕하세요."

두 분은 벌떡 일어서서 다가오며 반갑게 맞아주었다.

"그래, 시험은 잘 치렀니? 고단할 텐데 좀 쉬지 않고…"

말은 그렇게 했으나 무척 기다린 기색이 역력했다.

"시험이 너무 쉬워서 고단할 게 없어서 왔어요."

일부러 과장되게 말하는 소원이를 보며 모두 한바탕 웃었다.

"시험 끝나자마자 여기부터 가야 한다고 해서 집에도 못 들르고 왔어요."

소원 엄마도 웃으며 말을 했다.

"거참 고맙기도 하지. 역시 소원이가 우리 맘을 제대로 안단 말이야. 안 그래요, 폴 코치님?"

"아무렴요. 지금까지 늘 그랬잖아요. 하나를 가르쳐주면 열을 알고. 손꼽히는 우리 수제자 아닙니까. 하하하."

정말 포근한 시간이었다. 절망에서 시작된 새 출발을 이렇게 여럿이 함께 일궈왔다는 생각에 소원이는 새삼 가슴이 뭉클해졌다.

"시험도 끝났고…. 앞으로 대학 들어가기 전까지 심심해서 어쩌나? 이제 팡팡 놀겠네?"

폴 코치가 농담을 건넸다. 그러자 진 원장이 한마디 거들었다.

"정 심심하면 여기 와서 제2의 소원이를 키워내는 것도 좋겠구나."

"저한테 남을 키울 능력까지 있는진 모르겠지만, 도와주고 싶다는 생각은 늘 가지고 있어요. 그게 아니라도 센터에 자주 놀러 올 거예요."

농담 끝의 제안에 소원이가 진지하게 답했다. 내심 어떤 계획을 마련하고 있는 것 같기도 했다.

"그래, 우리 소원이 그동안 훈련한 소감 좀 들어볼까?"

폴 코치가 웃으며 물었다.

"평소에도 자주 생각해보곤 하는데요, One-day English에서 말하는 '찹 시너지 효과'는 그냥 평범한 진리였다는 걸 가장 크게 느꼈어요. 너무 평범하다 보니 특별해 보이지 않았다는 것이죠. 그렇지만 그 평범함 속에 비범함이 숨어 있다는 걸 깨달았어요. 밤이 지나면 아침이 오고, 봄 다음에는 여름이 온다는 자연의 섭리를 모르는 사람은 없잖아요. 그런데 그 안에 숨겨진 자연의 법칙, 즉 순환을 통해 성장과 변화를 이끌어내는 그 무엇이 존재한다는 사실은 거의 생각하지 않고 사는 것 같아요. 찹, 즉 익힘이 있어야 한다는 것은 누구나 아는 평범한 사실이지만, 창의성과 달인이 되는 핵심이 그 안에 있다는 것도 알아야 한다고 생각해요."

소원이가 말을 마치자 모두 감동의 박수를 보냈다. 웅변하듯 열띤 목소리는 아니었지만 One-day English의 핵심을 정확히 이야기한 것이었다. 진 원장이 몸을 앞으로 내밀듯 하며 이야기했다.

"소원아, 우리 함께 영어의 대중화를 구현해보면 어떻겠니?"

"영어의 대중화요?"

어리둥절해하는 소원이보다 소원 엄마의 반응이 더 적극적이었다.

"정말 대중화할 방법을 좀더 구체적으로 찾았으면 좋겠어요. 대한민국은 영어의 한을 대물림하며 살아가고 있다고 생각해요. 어쩌면 제가 그랬기에 더 뼈저리게 느끼는 것일지도 모르겠어요. 영어 못해 맺혔던 제 한을 소원이는 겪지 않게 해주려다 보니 처음부터 꼬일 수밖에 없었어요. 오로지 성적, 성적…. 그래야 남들한테 잘한다 소리를 듣겠거니 했던 거예요. 그게 영어 한을 푸는 거라 생각한 거죠. 어디 저뿐이겠습니까. 전에 말씀하셨듯이 영어라는 외국어에 쏟아붓는 사교육비만 해도 엄청나잖아요. 그 대부분이 저같이 영어에 한을 가지고 있는 사람들일 겁니다. 그런데 제가 경험하고 보니 One-day English는 영어 대중화의 가능성이 엄청나다는 것을 알겠어요. 저만 봐도 30년이나 묵은 한을 깨끗이 씻어냈잖아요. 외국인만 보면 도망갈 생각부터 하던 제가 이렇게 바뀐 걸 생각해보세요."

"맞아요. 얼마 전에 버스 정류장에서 외국인을 만났는데 그 사람이 노선도를 보면서 헤매는 것 같으니까 엄마가 다가가서 먼저 말을 거셨어요."

소원이가 살짝 끼어들어 엄마를 치켜세웠다. 그 말에 폴 코치도 장단을 맞춰주었다.

"아니, 그런 일이 있으셨군요. 그럼 소원 어머님은 영어 울렁증을 완전히 극복하신 거네요? 소원이의 성과에 버금가는 쾌거인걸요?"

소원 엄마는 무척 기분이 좋았다. 그 일을 그렇게까지 깊이 생각해보진 않았는데, 자신의 영어 울렁증이 사라졌음을 새삼스럽게 확인했다.

"이제 영어는 우리나라에서 소수의 전유물이 아니라 사람과 소통하는 대중적 언어가 되어야 해요. 지금처럼 계속해서 영어를 단단한

틀에 가둬놓으면 개인만이 아니라 국가 경쟁력도 한계에 부딪힐 수밖에 없어요."

"제가 할 수 있는 일이 있다면 하고 싶어요. 영어 때문에 방황한 시절을 잊을 수가 없거든요. 이런 일을 겪는 사람이 줄어들 수 있도록, 영어는 하나의 언어일 뿐 그 이상도 이하도 아니라는 사실을 느끼게 해주고 싶어요."

이날 네 사람의 진지한 대화를 통해 하나의 씨앗이 생겨났다.

"오늘 우리의 대화를 꿈의 씨앗으로 생각하고 대한민국 모든 사람이 '영어의 대중화'라는 씨앗을 마음밭에 심고 가꿔갈 수 있도록 이끌겠습니다."

진 원장의 말을 받아 폴 코치가 화이트보드로 다가갔다. 그러고는 큰 글씨로 이렇게 썼다.

2016년 12월,
대한민국에서 영어의 한이 사라지다!!

그렇게 대한민국 영어 대중화 프로젝트가 시작되었다.

에필로그

One-day English Coaching, 핫이슈로 떠오르다

소원이의 인터뷰 사건이 이슈가 된 지 1년쯤 흘러 2014년 겨울방학이 다가왔다. 주안공업고등학교에서는 정규수업을 마치고 나면 전교생이 동시에 시작하는 것이 있었다. 바로 One-day English 훈련이었다.

코칭센터에서 발생한 다양한 사례가 시민들의 입소문을 통해 퍼져나가기 시작했다. 그중에는 주안공업고등학교 영어 선생님의 자녀 사례도 있었다. One-day English 훈련을 통해 영어를 자유자재로 구사하게 된 것이다. 그 사연이 전해지면서 주안공업고등학교에서는 2014년 2학기 학습신장 사업으로 'One-day English Coaching 프로그램'을 적용하게 되었다.

모든 학생은 정규수업을 마치고 나면, 자연스럽게 책상에 One-day English 교재를 펴놓는다. 학교 방송국에서 'Let's go!'라는 신호를 보내면 일제히 영어 합창을 시작한다. 선생님들은 각자 담당 교실에서 학생들의 영어 훈련을 지켜보며 개인별 기록 관리에만 신경 쓸 뿐 나머지는 모두 학생들의 몫이다.

이렇게 되기까지 진 원장과 폴 코치 그리고 소원이의 활약이 있었다. 2학기가 시작되던 때, 이들은 또 다른 코치 몇 분과 함께 주안공업고등학교의 모든 학급을 방문해서 One-day English 훈련법을 설명하고 요령을 알려주었다. 초기에는 개별적 진단을 통해 부분 훈련을 적용할 그룹과 전체 훈련을 진행할 그룹을 구분해서 일정 기간 선택적 영어 훈련을 진행했다. 이런 부분 훈련을 통해 약한 영역을 보완한 학생들이 전체 훈련 과정으로 옮겨 가자 모든 학생이 스스로 훈련할 수 있도록 도와주었다.

그렇게 약 5개월의 시간이 흘렀고 성과는 놀라웠다. 원어민들의 평가를 받아본 결과 전교생의 영어 의사소통 능력이 향상되었음을 확인할 수 있었다. 또한 영어 성적에도 변화가 생기면서 학생들의 자존감 향상에도 큰 역할을 하였음을 알게 되었다. 이 새로운 영어 문화는 다른 학교에도 알려졌고 언론 매체에서도 핫이슈로 다뤄졌다.

'One-day English Coaching, 영어 학습의 새로운 패러다임으로 자리 잡아'

'One-day English Coaching은 엄마가 영어 코치가 되는 유일한 방법'

'One-day English Coaching 훈련으로 영어 사교육비 50% 절감'

'One-day English Coaching이 공교육 영어 학습 경쟁력 불러일으켜'

신문기사를 보던 진 원장과 폴 코치는 감회 어린 눈길을 주고받았다.

'폴 코치, 이제 시작이야. 대한민국 모든 사람이 영어로부터 자유를 얻을 날이 얼마 남지 않은 것 같아.'

'그렇군요. One-day English Coaching이 소수의 전유물로 여겨졌던 영어의 봉인을 풀어버린 것 같아 더없이 기쁘네요. 영어에 한을 가진 모든 사람이 이 도구를 활용할 날이 올 것입니다.'

'그럼요. 영어의 대중화는 곧 실현될 것입니다. 우리에게 언어 습득은 자연법칙과도 같은 것이니까요. 주인 없는 산에서 자라는 나무와 풀들을 보세요. 누구도 돌봐주지 않지만 자연의 원리대로 성장하고 열매를 맺지 않나요?'

오직 두 사람만이 알아들을 수 있는 마음의 대화였다.

헌사

One-day English Coaching이 불러일으킨 감동의 메아리

One-day English 초등학생

안성빈(금광초등학교 2학년)

저는 알파벳을 제대로 배우지 않아서 영어책 읽기나 쓰기가 어렵고 귀찮았어요. 그런데 1년 정도 One-day English 코칭을 받았더니 영어가 한국어처럼 입에서 술술 나오기 시작했어요.

이규광(금광초등학교 4학년)

전 장난꾸러기라 잠시도 가만히 앉아 있지를 못해요. 그래서 5분을 앉아서 공부해본 적이 없었어요. 이런 제가 50분 동안 앉아서 줄기차게 영어로만 말을 하게 될 거라곤 상상도 못 했어요. 저희 반에 제일 공부 잘하는 정완이라는 친구가 있는데, 제가 엄청나게 빠른 속도로 50분 동안 영어로 말했더니 이 친구가 깜짝 놀랐어요. 제가 영어를 할 정도면 One-day English Coaching으로 하지 못할 사람이 없을 것 같아요.

정지수(동신초등학교 3학년)

저는 유난히 수줍음이 많아요. 늘 조용히 있는 게 좋았거든요. 근데 1년 동안 코칭을 받으면서 영어에 자신감이 생기니까 활발한 사람으로 변했어요. 가끔씩 코치 선생님이 안 계시면 제가 코치 역할을 하기도 해요. 재미있으니까요. 제 또래 아이들 중에서 제가 가장 빨리 끝낼 정도로 영어가 막 튀어나와요. 제 영어 실력과 활발해진 모습에 부모님도 엄청나게 좋아하세요.

임준혁(금광초등학교 5학년)

저는 욕심이 많아요. 그래서 One-day English를 접하고 6개월 만에 초급 단계를 끝냈어요. 지금은 중급 단계를 하고 있는데, 친구들과 종종 누가 먼저 읽는지 게임을 하기도 합니다. 이제는 '영어' 하면 '그거? 그냥 하면 돼'라고 쉽게 생각해요.

One-day English 중학생

조준호(안청중학교 1학년)

초등학교 때 영어를 전혀 공부하지 않아서 기초적인 단어도 알지 못하고 말도 어눌했어요. 이런 제가 One-day English를 1년 정도 하고 나니까 영어의 기본기가 탄탄해지면서, 중학교 1학년 교과서 전체를 10분 내에 읽을 정도가 되었어요. 속도감 있게 영어를 읽을 수 있으니까 희열감이 생기더군요. 이제는 스스로 알아서 잘하는 아이가 되었답니다.

현주온(안성중학교 2학년)

저는 평소 공부에는 관심이 없고 권투를 좋아하는 아이였어요. 어느 날 영어가 기술이라는 말을 들었습니다. 도장에서 연습하는 것처럼 연습하고 훈련하는 거라면 누구보다 자신이 있었기에 호감을 가지고 시작했어요. 처음에는 몇 번 그만둘 생각도 했지만 운동하는 것처럼 끈기와 인내로 그 위기의 순간을 잘 넘겼죠. 근데 8개월쯤 되니까 영어 읽는 속도가 빨라지더니 자연스럽게 영어를 읽고 말하게 되었습니다. 외우지 않았는데도 영어 단어가 제 머릿속에 남아서 입으로 술술 나오는 게 신기했어요. 저는 운동에서처럼 영어에서도 챔피언이 되고 싶어요.

One-day English 고등학생

남소현(가온고등학교 3학년)

저야말로 One-day English Coaching의 대표적인 수혜자라고 생각해요. 초등학교 때 처음 One-day English를 접했고, 고3 때 영어 성적이 불안해지면서 다시 코칭을 시작했어요. 예전 기억을 되살리며 코칭을 받으니까 조금씩 실력이 붙더군요. 그러다 정말 운 좋게 수능 외국어 영역 1등급(만점)을 받게 되었죠. 영어가 기술처럼 익혀진다는 사실을 확실히 경험했어요.

진경광(안성고등학교 3학년)

저는 음대 피아노과에 합격했는데, One-day English를 음악적 감각으로 승화시켰다고 할 수 있을 듯해요. 피아노 연습 과정을 보면 계속해서 기술을 익히는데, 그와 마찬가지로 영어도 기술을 익힌다는 기분으로 했어요. 그랬더니 입에서 영어가 술술 나오고 읽는 속도가 정말 빨라졌어요.

One-day English 학부모·어르신

김혜옥(59세)

One-day English에 아이들을 보내고 있었는데, 학부모를 위한 특강을 계기로 저도 시작했어요. 영어를 못하는 원인이 무엇인지 코칭을 통해서 정확하게 알게 되었죠. 제가 영어가 되는 걸 보니 확신이 들더군요. 그동안 아이들한테 무조건 외우라며 추궁했던 제가 부끄러웠어요.

안복자(72세)

해외여행 다니면서 영어를 잘하는 사람을 볼 때마다 영어를 하고 싶다는 마음이 간절했어요. 하지만 가정의 이런저런 일에 치여 살다 보니 세월이 너무 빨리 흘러서 벌써 일흔이 넘은 나이가 되었답니다. 그럼에도 제 꿈은 없어지지 않았고, One-day English를 벌써 1년 넘게 하고 있습니다. 이 나이에 무슨 영어냐며 주변에서 수군대는 소리를 듣기도 했지요. 하지만 저는 그런 소리에 지지 않고 영어에 대한 꿈을 이룰 수 있게 되었답니다.

오순숙(69세)

One-day English에서 문법을 나무에 비유해서 설명을 들었어요. 그렇게 어렵기만 하던 문법이 머릿속에 쏙쏙 들어오더군요.

권관욱(65세)

이곳 센터를 알게 되어서 너무나 감사하다, 이렇게 내가 영어를 할 수 있다는 것이 기적 같다는 생각을 항상 합니다.

이평단(55세)

One-day English를 시작하던 때 저는 영어를 하나도 몰랐습니다. 하지만 토끼와 거북이 경주에 관한 진 원장의 이야기를 듣고 토끼처럼 단기적인 목표가 아니라 거북이처럼 정상이라는 목표를 향하여 한 걸음씩 앞으로 나아갔어요. 그러다 보니 어느 틈에 입에서 영어가 저절로 나오더군요.

유종옥(58세)

알파벳도 모를 만큼 영어를 모르고 살았어요. 그 점이 창피하다고 생각될 때도 있었는데, One-day English 코칭을 받으면서 모든 창피함이 사라졌습니다. One-day English의 장점이 배운 것을 처음부터 매번 반복한다는 것이잖아요? 그렇게 하다 보니 어려움을 덜 느꼈고, 점점 자신감이 생겼습니다. 포기하지 않고 계속할 수 있도록 도와준 아들한테도 감사하고 있어요.

김진양(64세)

나는 몸이 많이 아파서 영어 하기가 어려웠습니다. 하지만 같이하는 모든 사람의 배려로 영어를 잘하게 되었습니다. One-day English는 모두 같이하면 더욱 큰 힘을 발휘하는 것 같아요. 기러기가 함께 비행하는 것처럼 말이지요.

김영희(60세)

영어를 시작하기 전에는 '내가 할 수 있을까?' 싶은 마음에 많이 복잡하고 심란했어요. 하지만 이제는 영어를 편하게 할 수 있게 되었고 자신감도 생겼습니다. 치매에 대한 불안감도 있었는데 외국어 배우면 치매 예방에도 도움이 된다고 하니 일석이조랍니다.

한희옥(56세)

세월이 많이 흘렀지만, 지금이라도 영어를 하게 되니 정말로 기쁩니다. 새로운 세상에 도전장을 내민 것 같아요. 아니, 사랑하는 연인을 다시 만난 것 같다고나 할까요? 이렇게 One-day English 만나서 너무너무 좋습니다.

문영아(55세)

항상 이런 생각을 했어요. '내가 언제나 영어를 할 수 있을까?' 늘 마음의 숙제로만 가지고 지금껏 살아왔죠. 그런데 One-day English를 만나 이 숙제가 해결되면서 소원을 이루었습니다. 내가 영어가 되는 것을 보면 아마 한국 사람 누구라도 할 수 있을 거예요. 저처럼 시작하세요.

박점례(59세)

난 공부와 거리가 멀었지만 입담은 좋았어요. 영어 몇 마디 배우고 나서는 곧잘 다른 사람들 앞에서 사용하곤 했지요. 이제는 내가 일하는 곳에서 영어를 좀 하는 사람으로 통합니다. 정말 신 나는 일이지요. One-day English, 고마워요!

백경분(54세)

처음엔 보이지도 않던 영어 단어가 뇌 속으로 들어온다는 느낌이 들어서 놀랍고 신기했어요. One-day English는 계속해서 훈련하는 시스템이고 매번 순환하고 있다는 생각이 들어요. 콩나물에 물 주듯 매번 공부한 것이 흘러가 버린 것 같은데, 어느 순간 보면 내가 영어를 하고 있더라고요.

정삼순(61세)

영어를 못한다고만 생각했던 제가 영어에 대한 즐거움을 알기 시작했어요. 아는 정도가 아니라 마구 샘솟기 시작했어요. One-day English를 한마디로 한다면? 저는 '즐거움'이라고 하겠습니다.

유홍순(53세)

정말 여기 오기 잘했다는 생각을 몇 번이나 했습니다. 이곳에 오지 않았다면 아마도 난 영어와는 영영 남남으로 살았을 것입니다. 열차를 탄 기분으로 날마다 영어로 달리고 있어요.

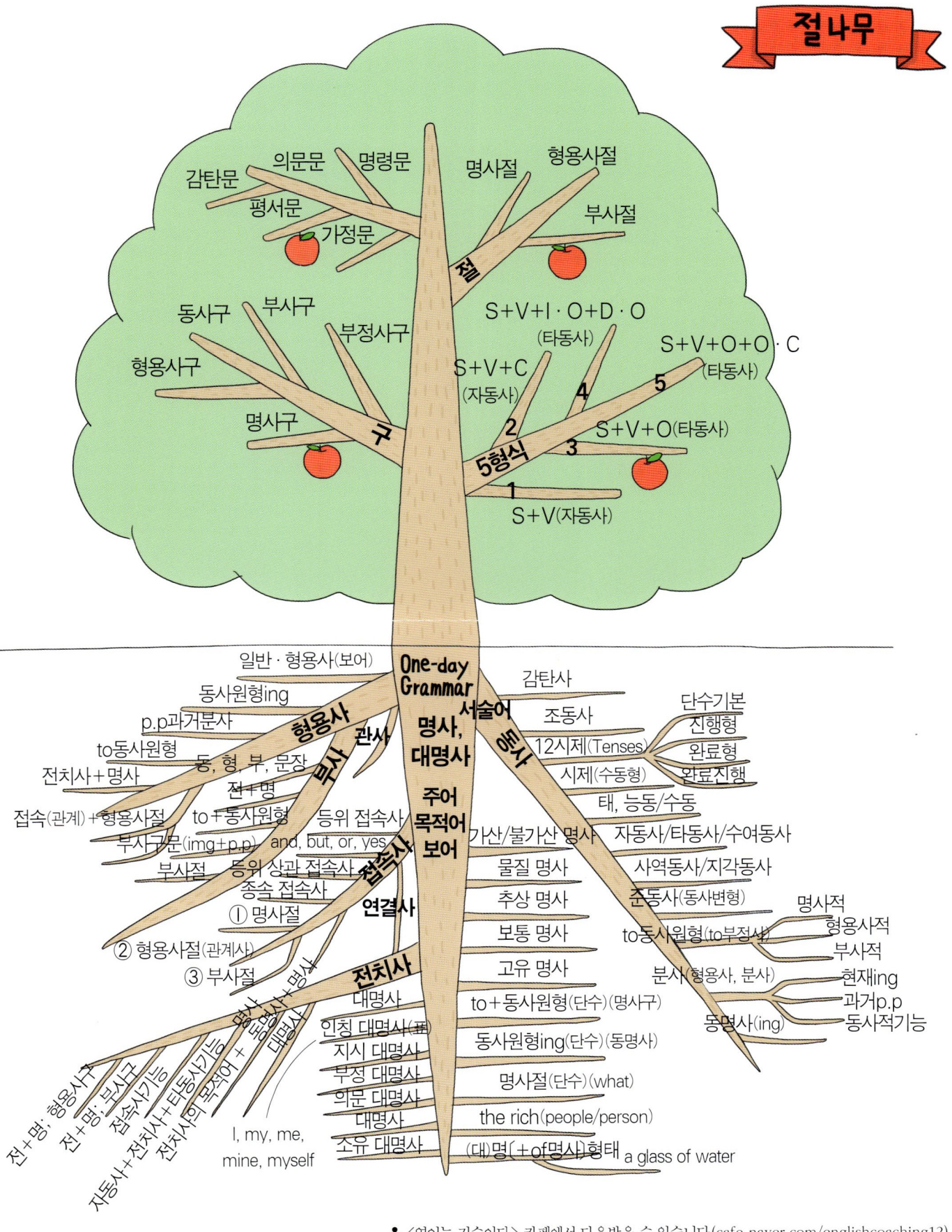